掌握骨骼！最科學

馬拉松優勝完跑

鈴木清和

瑞昇文化

序言

我出身於在箱根驛傳（東京箱根間往復大學驛傳競走）也很有名的駒澤大學田徑部。當時的駒澤大學，正處於迎接新教練大八木弘明，同時也是開始長距離接力賽跑（驛站接力賽）英才教育的時期。

同個隊上，有創下日本男子馬拉松最高紀錄（2小時6分51秒，為歷代排名第二）的藤田敦史（現為富士通田徑部長距離教練）。他魄力十足地帶領田徑隊，連續四年參加箱根馬拉松接力賽。並且在第四年時，刷新了第四區的區間紀錄。

我本身因為反覆發生多次運動障礙，很遺憾地無法實現出場箱根驛傳的心願，但是那些經驗卻促使我開始研究跑步障礙，現在則是經營名為「Sports Meisters' Core（SMC）」的訓練機構。這是對抱持各種願望及煩惱的全國跑者，所開設的跑者診療機構。

另外，根據客戶的期望，2010年起我主導了一支名為「挑戰者們」的路跑隊。透過這支隊伍，在與眾多跑者面對面的過程中，我融合自身的經驗和研究，建立起一套前所未見的馬拉松跑法。

根本方法，**就是找到適合自己骨骼狀態的跑步方法**。

大多數的跑者容易把焦點放在肌肉持久力及心肺機能的提升上，但是說到底，採用不適合自己骨骼狀態跑法的人非常多。那也是造成跑步障礙以及阻礙自己刷新最佳紀錄的根本原因。

反過來說，在跑42·195公里的長距離馬拉松時，要是不能採用「適合自己骨骼狀態且不會勉強自己」的合理跑步法，將導致無法充分發揮自我潛在能力的遺憾結果。

自從2007年舉辦第一次東京馬拉松後，日本正式掀起馬拉松熱潮。從那時候起，馬拉松的人口持續成長，各地的馬拉松比賽都是盛況空前。一年參加好幾場馬拉松比賽的老手業餘跑者層也大幅增加。

這種情況下，近半數的跑者不是身體哪裡有了運動傷害，就是為時間無法突破所苦。如同前述所說，其根本原因就在於大多數的人沒有採用適合自己骨骼狀態的跑步法。

後面將詳細介紹如何找出適合自己骨骼狀態的跑步法，並且介紹以該跑步法為基礎，用最短的時間達成刷新個人最佳紀錄的「波浪跑」。

這恐怕是有史以來第一次公開，即使是閱讀過大量馬拉松相關雜誌或書籍的跑步老手，都沒聽過的跑步法。

在熟練波浪跑的過程中，慢慢延長跑步距離。

為此，加入了所謂「細胞分裂跑」的練習。那是一邊切割跑步的距離，一邊採用最佳比賽速度，循序漸進地延長跑步距離的方法。最後將切割的距離加起來，培養出以個人最佳速度，快跑馬拉松的跑步能力。

在我的跑步診所及路跑隊中，有很多跑者實踐這個方法，並打破個人最佳紀錄。

某位男性曾經遺憾地在第一次馬拉松以中途棄權告終，實踐我的方法後，達成破三（2小時59分23秒，2013年大阪馬拉松）。

這名男性因為深受跑步時腳會沒力的「髕骨股骨疼痛症」所苦而造訪我的診所，後來在他改成適合自己骨骼狀態的跑步法後，不但症狀消失，跑步所使用的時間也明顯縮短。

除此之外，也曾有一個月內跑步距離勉強為20公里的跑者，以3小時9分鐘刷新自己最佳紀錄的案例。

若能藉由實踐本書的內容，從中找到適合自己的跑步法和練習方法，我相信，無論是挑戰第一次跑馬拉松的初學者，還是正在挑戰破三的中、高階跑者，一定都能締造出自己的最佳紀錄。請抱著期待實踐看看吧！

目錄

序言 3

第1章 馬拉松請用「骨骼」來跑

用「骨骼」跑步的新感覺 18
理想跑姿不只一個 20
了解適合自己的跑步法 23
你是體長型？還是腿長型？ 26
藉由「動作鏈」掌握跑步姿勢 27

光是擺動手臂就能夠矯正整體姿勢 29
不是擺動手臂而是「轉動手」 31

第2章 學會最適合自己的跑步法！

學會最適合自己的跑步法！——擺動跑法 36
擺動跑法請用腳跟著地 39
學會最適合自己的跑步法！——扭轉跑法 40
扭轉上半身轉換成旋轉骨盆的力量 43
扭轉跑法請用前腳掌著地 45
學會最適合自己的跑步法！——活塞跑法 47
活塞跑法請用全腳掌著地 50

第3章 藉由「腳步」讓跑步產生劇烈變化

腳步的重點 54
男性偏「外八字」、女性偏「內八字」 56
所有跑步障礙全都消失 58
轉動手的方式男女有別 60
努力不使力 62

第4章 藉由波浪跑成為終極環保車

何謂最有效率的有氧運動？ 68
運用「慣性」不浪費能量的跑步方法 69

均速跑是在浪費能量 71
過度用腦與能量來源枯竭息息相關 73
免於肝糖被消耗殆盡 74
所謂「不費力地超越」的感覺 76
著地不是「踩下」而是「落下」 78

第5章
掌握波浪跑的簡單訓練

波浪跑的簡單訓練——**跳躍&跑步** 82
暖身運動的真正意義 85
藉由跳躍&跑步導入快動作 87
波浪跑的簡單訓練——**單腳跳** 89

波浪跑的基礎訓練——**爬樓梯** 91
以忍者之姿衝上階梯 94

第6章 藉由細胞分裂跑檢測實力

鼻呼吸足以應付的速度就是「最佳跑速」 98
用400公尺距離來檢測最佳跑速 100
一邊維持最佳跑速一邊延長跑步的距離 101
細胞分裂跑的話，無論是誰都能輕鬆延長距離 103
細胞分裂跑和間歇跑的差別 105
用玩遊戲的感覺累積小小的成就感 107
「忍耐並且控制跑速」也是練習的一環 109

細胞分裂跑一星期練習一次就ＯＫ 111
照理說練習時應該沒有時間聽音樂 114

第7章 類型別42．195公里的攻略法

依跑法別調整重點練習 118
將適當距離延長至25公里 120
每次馬拉松季結束都要重新計算 123
比賽兩個月前嘗試跑一次全馬的距離 124
比賽前不需要減量訓練 127
藉由「右腳著地呼吸」提升跑步能力 128
解決身體左右偏斜的問題 130

第8章 打造比賽規格的身體

練習時，是否會有意識地設想正式比賽的情況？ 134
晨間練習比夜間練習更能提升運動表現 135
使勁跑的人可藉由「快走」來重新調整 137
使快走發展成理想跑步的方法 138
日常飲食也要有意識地留意在正式比賽時的能量運用 140
〈類型別〉決勝食物 143

第9章 必定達成自己的最佳紀錄！類型別比賽攻略法

小腿肚的肌肉頂點在哪裡？ 150

〈類型別〉比賽前增強刺激的方法 152
〈類型別〉比賽時的佔位 154
〈類型別〉比賽配速 156
駒大時代的轉機 159

第10章 有助提升馬拉松的表現！私藏補給法

果凍狀的能量補給品是否有效？ 162
補給品以沙丁魚乾和鮭魚乾為最佳 164
特地攝取可能引起口渴之固體物的好處 167
比賽後的營養補充可提早消除疲勞 170

利用營養和休養進行超回復 172
比賽前與咖啡因·酒精和平相處的方法 174

第11章 不瞭解運動傷害所造成的「非常識」制約

簡單便利的「局部冰敷」 180
不是任何發炎症狀只要冰敷就好 182
有時纏繃帶會讓受傷部位變嚴重 184
壓力系列裝備的陷阱 186
三個消極的疲勞恢復法 188
降低雙腿位置睡覺可消除疲勞 191

第12章 業餘跑者選擇跑鞋時容易犯的錯誤

以「熄煙蒂的姿勢」選擇跑鞋 196
用三種類型的襪子試穿鞋子 198
加快跑速的鞋帶綁法 199
配合三種跑法的鞋子製造商 203
腳底防滑、五趾……高機能襪NG 205
善用太陽眼鏡、頸巾、袖套 207

結語

210

第1章

馬拉松
請用「骨骼」來跑

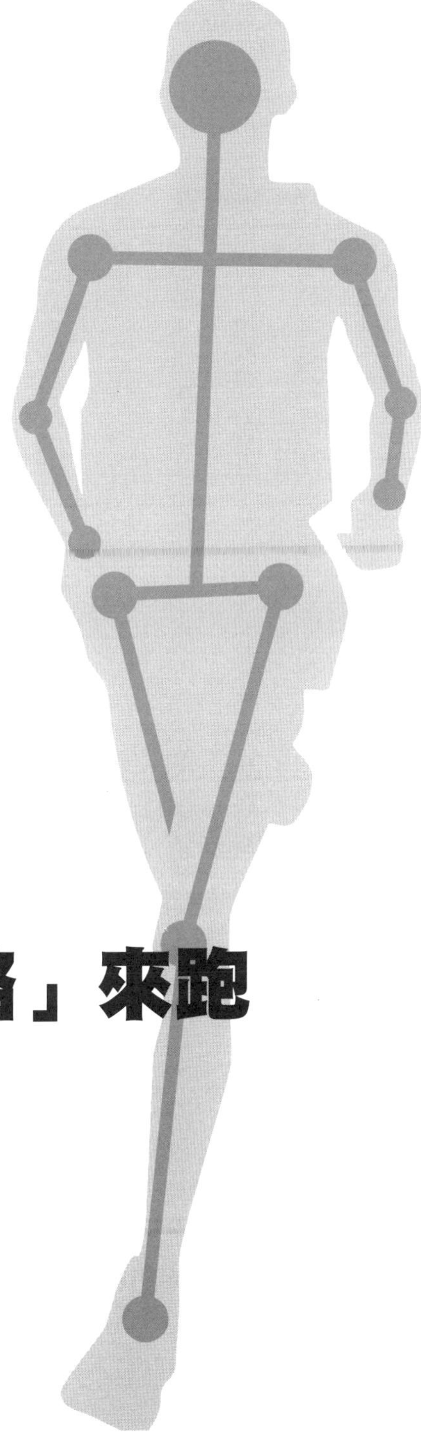

用「骨骼」跑步的新感覺

根據某個說法，日本業餘跑者平均每兩個人就有一人，或多或少都會有些跑步障礙。雖然障礙的原因因人而異，不能一概而論，但其背後的理由，我認為是採用了不適合自己骨骼狀態的跑法。

判定適合自身跑法的首要條件是骨骼。就我的觀點來看，馬拉松是用骨骼來跑的運動。

大多數的人卻抱有馬拉松是用「肌肉」來跑，這樣先入為主的觀念。肌肉對於馬拉松確實是不可或缺的要素，但最重要的是，應該以適合骨骼狀態的跑法為第一優先。

比起骨骼，先把目光放在肌肉上，可能會因此採用了不適合骨骼狀態的跑法，如此一來容易使肌肉或關節產生歪斜並逐漸累積症狀，而且症狀會隨著跑步不斷加重。

以不適合自己骨骼狀態的跑法，每個月的跑步距離超過200公里，也難怪最後身體會發出悲鳴。就像機械發生金屬疲勞造成損壞一樣，某一天，身體就會發生傷害。

一旦發生運動傷害，很多跑者便拚命尋找以高超醫術著稱的治療診所，想藉由接受按摩或針灸加以治療。有的跑者在治療效果出現前，就像「逛醫院」一樣，在幾家診所間到處走動，也有跑者抱有無論什麼方法都姑且一試的心態，出遠門接受治療。

雖然有藉由按摩或針灸完全治癒的案例，但實際上，一度以為好轉，過不久又反覆發作的例子則佔了大半。

令人困擾的是，傷害在不斷反覆發作中變得嚴重，為了保護受傷的部分，波及到其他部位也是常有的事。對於跑者的運動傷害，不能只用按摩或針灸的「對症療法」來應對。

大批反覆發生這類運動傷害的跑者來到我的診所，尋求解決之道。大部分的跑者，抱有「一跑步膝蓋就會痛，沒辦法好好練習」或是「髖關節會痛，這幾年都沒辦法像以前一樣跑步」的煩惱。

對於那些患者，我沒有施以任何按摩或伸展操的指導。不觸碰身體，只是觀察骨骼，指導適合該患者骨骼狀態的跑法。

學會跑法的跑者，沒有人再發生運動傷害。

如果是採用不適合骨骼狀態的跑法而發生運動傷害，首先應該致力於矯正跑法。不解決根本原因就進行對症療法是錯誤的。

理想跑姿不只一個

一般常說，跑步姿勢對跑步至關重要，不同的跑步教練，推崇的跑步姿勢也各有不同。其中甚至有教練表示，無論採用何種跑姿，只要能夠保持現狀，自然抵達終點就好。

光從著地的方式來看，就分成以前足部著地的「前腳掌著地」、腳跟部著地的「腳跟著地」、全腳掌的「腳掌著地」等，連推崇的著地法也各有不同。

這樣似乎會讓認真的跑者感到混亂，不過那也是沒辦法的事。雖然也有人似乎抱有理想跑姿只有一種的誤解，但就像每一種動物都有自己獨特的跑法一樣，理想的跑姿也不只有一種。

證據就在於，就連在全程馬拉松中，以2小時10分跑完全程的頂尖跑者們，跑法也各式各樣極具特色。請試著利用YouTube等途徑，確認頂尖跑者的跑步方式。**幾乎沒有任何一位跑者，是以跑步相關書籍或雜誌中推崇的理想跑姿，也就是教科書教導的姿勢在跑步。**

那麼，那樣的特色是從何而生的呢？

先從結論說起，決定該跑者最適合的跑姿，最大且唯一的重點就是骨骼。肌肉

可藉由後天的努力來改變，但是骨骼一旦過了成長期就不會再改變。

透過書本或雜誌介紹理想姿勢的教練們，不知不覺中推崇適合自己本身骨骼的跑法，跑步姿勢必有所不同。

偶然在書本或雜誌上看見受到推崇的跑姿，並試著加以實踐，運氣不好，做了不適合自身骨骼狀態的跑法，不但沒有縮短完跑的時間，還會提高引發運動傷害的風險。相反地，如果運氣好碰上適合自身骨骼狀態的跑法，在不增加身體負擔的情況下，刷新自己最佳紀錄的可能性也會提高。

本書中我們不靠運氣，而是要確實引導大家找到適合自己骨骼狀態的跑步方式。

就像每一個人的長相都不一樣，骨骼也因人而異。本來最理想的方式，是希望以一對一的方法指導適合每個人骨骼的跑步方式，但書上無法做到這點。

因此我接下來會將骨骼狀態分成三種類型，解說各類型適合的跑法。儘管如此，幾乎每個人都還是可以從中掌握到適合自己骨骼狀態的跑法。

了解適合自己的跑步法

所謂依骨骼狀態分成的三種跑姿，就是「擺動跑法」、「扭轉跑法」、「活塞跑法」。只要測量「軀幹」和「腿部」的長度，就知道自己適合這三種跑法的哪一種。

軀幹的長度，是從肩膀外高骨的突起點（肩峰）到髖關節的中心。

所謂髖關節，位在大腿根部，由骨盆外側的深窩（髖臼）與包圍大腿骨（股骨）的球體頂端嵌進形成的關節。成為重心的，就是撐開雙腿站立、把大腿外側的大腿骨（大轉子）推出去的凸塊。

腿的長度，從髖關節的中心到腳踝的中央。

測量完軀幹和腿部的長度，請按照下頁圖表的指示，來個自我檢測，了解自己是哪種類型。為了方便大家想像，將介紹各種跑法的代表頂尖跑者。

◉測量結果

軀幹＞腿　↓　擺動跑法（中本健太郎・野口水木）
軀幹≒腿（大腿＞膝蓋以下）　↓　扭轉跑法（川內優輝・木崎良子）
軀幹＜腿（大腿＜膝蓋以下）　↓　活塞跑法（福士加代子・中山竹通）

最適合的跑法（頂尖跑者的例子）

嚴格來說，扭轉跑法類型的人有大腿長於膝蓋以下，活塞跑法類型的人有大腿短於膝蓋以下的特徵。

大腿的長度，從髖關節的中心到膝蓋。這相當於人體中最長且最大的大腿骨長度。

膝蓋下的長度，從膝蓋到腳踝的中央。這相當於「小腿骨（脛骨與腓骨）」的長度。

體腿長測量基準！

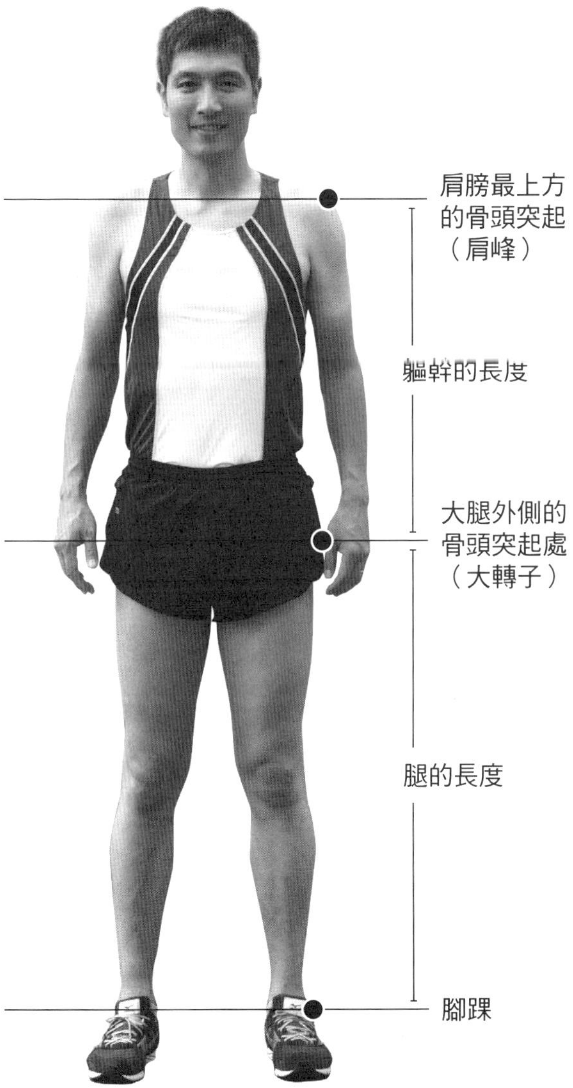
肩膀最上方
的骨頭突起
（肩峰）
軀幹的長度
大腿外側的
骨頭突起處
（大轉子）
腿的長度
腳踝

你是體長型？還是腿長型？

那麼接下來，試著針對這三種類型做個簡單的解說。

軀幹長體型的人適合擺動跑法，軀幹和腿幾乎等長的人適合扭動跑法，腿長體型的人則適合活塞跑法。

就我的觀察，日本跑者的比例大致上是「擺動跑法：扭轉跑法：活塞跑法＝4：4：2」。有趣的是，這個比例無論是套用在業餘跑者或頂尖跑者身上都一樣。這或許正反映出日本人骨骼的特性吧。

腿長體型居多的歐美人，比例大致上是「擺動跑法：扭轉跑法：活塞跑法＝2：4：4」。比起日本人，擺動跑法少、活塞跑法多。就連席捲全世界馬拉松競賽的非洲各國頂尖跑者們，也是以扭轉跑法和活塞跑法居多。

坊間氾濫的各種跑步方法，內容多半傾向於擺動跑法或是活塞跑法。適合扭轉跑法的跑者，就算嘗試了留意過的擺動跑法或活塞跑法，非但沒有成果，還會讓發生運動傷害的負面影響層面擴人。

大部分的跑者屬於這三種跑法的其中一種，但也有混合了幾種類型的「混合型」跑者。倘若將混合型納入考慮，總共可以分成162種，內容就會變得複雜起來，因此在本書中將針對三種類型進行說明。

藉由「動作鏈」掌握跑步姿勢

人體不像拼圖是獨立部件的集合體，而是以一個整體運作。牽動到身體的某個部位，就像將石頭丟入平靜的湖面一樣，將引起全身產生連鎖反應。

它有個專有名詞叫做「動作鏈（kinetic chain）」。我以這個概念為基礎，獨自研發出名為「KCC跑步法（kinetic chain control running，直譯為動作鏈控制跑步法）」的跑步技巧。

雖然說跑步姿勢很重要，一下這個一下那個，想要同時矯正會讓腦袋和身體感到混亂。就這點來說，只要活用KCC跑步法，矯正某個重點，再來藉由連鎖反應就可掌握目標姿勢，也就不會感到混亂。

我推崇的骨骼別跑法，也能同樣簡單就學會。

因此，讓我們先來了解一下成為重點的KCC跑步法的專業知識吧。

我們身體的骨骼，從頭到腳相連在一起，而附著在骨頭上的肌肉（骨骼肌），會與骨骼產生連動關係。

健美等運動在對特定肌肉進行重點鍛鍊時，會避免牽動到其他肌肉地在姿勢上下功夫，讓負荷集中在目標肌肉上。

這個訓練稱為「分離性動作（Isolation exercise）」，無論是日常生活還是像跑步一樣的運動，都不會遇到像分離性動作這種只動到特定肌肉的情形。

跑步是一種全身運動，學會基於動作鏈的姿勢，是不可或缺的。

光是擺動手臂就能夠矯正整體姿勢

要根據動作鏈學會適合骨骼的跑法，矯正手臂的擺動方式是一條捷徑。

跑步雖然是以下半身為主的運動，不過上半身，尤其是手臂的擺動方式也很重要。將意識集中在肌肉負荷較大的腿部使用方式上，容易造成心情緊張，但若是將意識集中在手臂上，可以不造成負荷地自由擺動，能更簡單地加以修正。

腳的動作會隨著動作鏈，與手臂擺動產生連鎖反應，所以藉由矯正手臂擺動也能矯正腳的動作，使整體跑步姿勢獲得修正。

人類雖然是用兩隻腳站立走路，不過骨骼的基本構造卻和獅子、斑馬等四隻腳的動物沒有兩樣。四隻腳的動物利用前腳的力量帶動身體，再以配合動作的後腿用力奔跑。

將這個情形套用到人類身上，手臂相當於獅子或斑馬的前腳，雙腿則等同於牠們的後腳。因此，一旦矯正手臂的擺動，腳的動作也會獲得修正，進而改善整體的跑步姿勢。

我們再從生理學的眼光來看。我們人體肌肉的運作，是由運動神經末稍釋放出來的鈣離子所控制。

為了矯正手臂擺動，從運動神經釋放出來的鈣離子，不完全是被手臂消耗，一部分也會流到下半身。就結果來說，腳的動作也變得容易被修正。

不是擺動手臂而是「轉動手」

雖然從剛才一直採用「手臂擺動」的形容方式，這是由於一般人普遍具有跑步時會擺動手臂的強烈認知。但是，我認為不是擺動手臂，而是「轉動手」的感覺比較正確。要轉動的不是「手臂」而是「手」。

擺動手臂強調將手臂像鐘擺一樣前後擺動。鐘擺有擺到兩側端點是靜止的瞬間，想像手臂擺動的情形，會發現手臂的動作同樣有個瞬間是靜止的。這樣的瞬間會透過動作鏈影響到腳，讓跑者在跑步時不自覺地踩煞車。

我再重申一次，請抱著不是擺動手臂，而是「轉動手」的觀念。

改變跑步要從觀念做起。一旦意識到轉動手的動作，停止的瞬間因「圓周運動」而消失不見，手腳就會更順暢地產生連鎖關係。如此一來，便能奠定學習適合自身骨骼跑姿的基礎。

擺動手臂一旦成為習慣，便會破壞動作鏈，讓人在跑步時踩煞車。根據到目前為止，我本身做過的指導及觀察而來的經驗，發現到有相當多的業餘跑者會無意識地在自己的跑步過程中踩煞車。

每踏一步就踩煞車，接著前進，如此這般，重覆幾千、幾萬次無謂的多餘動作，因為這樣浪費了許多能量。

光是精通手的轉動方式，就能減低能量的浪費，讓跑步變得更快。

若是小看手的轉動方式，將在某個時間點停止成長。然後失去將自己潛在能力發揮到最大極限的機會。

與其不正確地擺動手臂，還不如跑步時手跟手臂都不要擺動來得好。

再則，轉動手時，手指不應該是用力握緊的。手指和腳趾會因為動作鏈產生連鎖反應，所以用力握緊手指，也會導致腳趾跟著用力緊縮。

OK→不是轉動手臂，而是轉動手，跑步就會變流暢！

NG→擺動手臂會對跑步造成煞車效應。

如此一來，將造成著地時負責確實抓住地面、彈性屈張以吸收衝擊的雙足機能受損。

好了，知道自己適合三種跑法中的哪一種後，我將在下一章引導大家學會各種跑法。

懂一些概略知識不錯，只學會適合自己骨骼跑法也不錯。在此介紹各種跑法的刊載頁數，可按照自己的喜好開始讀起。

擺動跑法 ↓ 前往36頁

扭轉跑法 ↓ 前往40頁

活塞跑法 ↓ 前往47頁

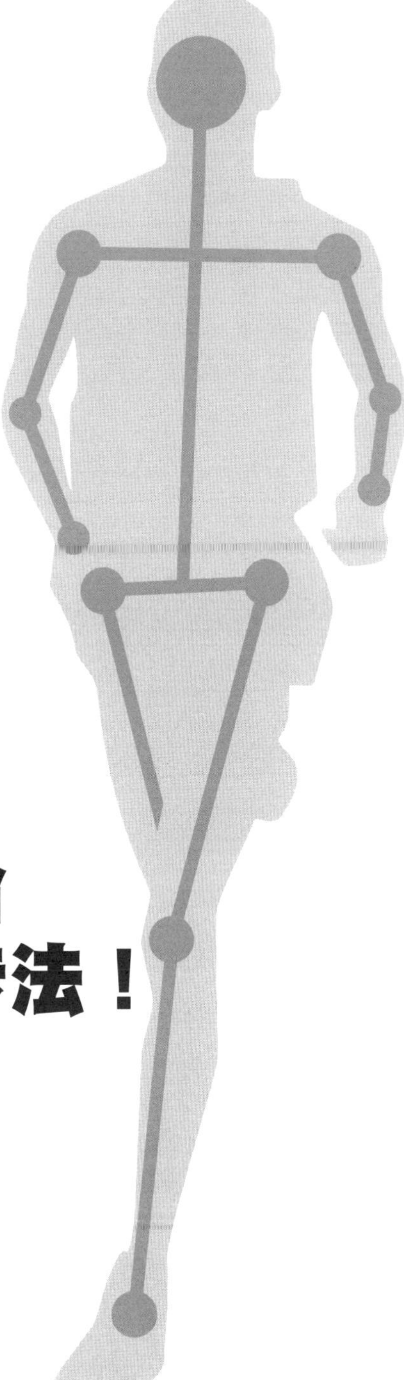

第2章 學會最適合自己的跑步法！

學會最適合自己的跑步法！——擺動跑法

首先從擺動跑法開始介紹。所謂適合體長型的擺動跑法，就是像鐘擺一樣，使從髖關節到整個腿部大幅擺動的跑步方法。一邊藉由腳本身產生前進的力量，一邊以腳扒土般前進為特徵。

頂尖跑者中，在雅典奧運中獲得女子馬拉松冠軍的野口水木選手、在倫敦奧運男子馬拉松擠進第六名的中本健太郎選手（左圖）、出戰同場奧運比賽的藤原新選手等就是擺動跑法的例子。

適合擺動跑法的體長型骨骼，重心在腹部。由於軀幹本身穩定，不管怎麼擺動腿部，姿勢也很少晃動，為其強項。

因此，與其提高步頻，倒不如加大步幅更為合適。體長型的人如果想提高步頻，跑步過程勢必變得吃力。

擺動跑法的重點

圖片：《日刊運動》／AFLO

這也是所有跑步法的共通點，施力會使肌肉跟著僵硬緊繃，即使本著努力跑步的心情，也會因為無形中產生的掣動效果，時間縮短不如想像中那麼好。還會成為運動傷害的誘因。

我們應該藉由利用本身骨骼特性的自然跑姿，學會放鬆跑步的方法，而不是花時間在彌補弱點上。

擺動跑法是像「波浪鼓」一樣，從外側向內側畫圓般轉動雙臂，稱為「石臼轉動法」。就像在轉動磨蕎麥用的圓盤石臼一樣，雙手與地面保持平行，不費力氣地橫向轉動。

由於擺動跑法是兩腿前後大幅擺動，將手向旁邊轉動，姿勢則容易保持穩定。再配合將肚子稍微用力向內縮的腹式呼吸法，能使呼吸變得更順暢。

擺動跑法請用腳跟著地

採用擺動跑法，以髖關節為軸，腿向前擺動時，腳尖會抬起。因此，著地時會從後腳跟著地。

從腳跟著地時，體重會施加在整個腳底，只要像扒地一樣往後踢，就能轉換成朝向前方的推進力。接著在重心移到前腳掌時離地，另一隻腳自然就會向前擺出。

雖然無法提升步頻，請慢慢轉換成加大步幅，速度加快的跑法吧。

這姿勢最大的特徵，就是臉會稍微往上仰。

雖然看起來像姿勢不佳的典型範例，然而適合體長型的擺動跑法，將臉微微抬高，可使上半身提高，重心穩定。

如此一來，就不會將手臂前後擺動。橫向轉動較能減少能量流失，順暢前進。

另一方面，擺動跑法具有擅長爬坡不善於下坡的特徵。

由於跑步時雙腳前後滑動，如扒地般跑動，所以爬坡時，可以積極地抓住前方的地面，迅速往上爬。

但是，下坡時想用同樣的方式扒下前方的地面，膝蓋有可能向前彎。便下意識地踩煞車，造成下坡時不容易加速。

為了克服擺動跑法不善於下坡的缺點，可以採用腳像是打在地面的方式來跑步。腳底著地時間變長，將減少膝蓋彎曲或是腳拖在身後跑動的情形，也就可以維持不煞車的跑步。

學會最適合自己的跑步法！——扭轉跑法

扭轉跑法與體長型的擺動跑法，並列為日本跑者最多人採用的跑法，不過扭轉跑法的跑者軀幹和腳的長度幾乎等長。軀幹和腳的長度幾乎相等且相稱，大腿比膝蓋以下的小腿長為其特徵。

扭轉跑法型，在頂尖跑者中也佔了絕大多數。公務員跑者的川內優輝選手（42頁圖片）、２０１１年在大邱世界田徑錦標賽男子馬拉松中拿下日本頂尖跑者第七名名門．旭化成的堀端宏行選手、倫敦奧運女子馬拉松代表同時也是拿下２０１３年莫斯科世界田徑賽馬拉松第四名大發工業的木崎良子選手等，都屬於扭轉跑法型跑者。

扭轉跑法，是一邊跑一邊將上半身與下半身往反方向扭轉的跑步法。

我本身也是扭轉跑法型，但是在我求學時代，是以不適合自身骨骼狀態的活塞跑步為基礎，所以我當是用是活塞跑法。由於採用了不適合骨骼狀態的跑步方法，所以就算不斷練習，跑步成績依然不如預期，甚至被頻繁發生的運動傷害所困擾。

不過，在動作鏈原則下，我用我自己的方式持續探索跑步方法，最後發現原來我並不適合活塞跑法，而是比較適合扭轉跑法。

扭轉跑法的重點

圖片：YUTAKA／AFLO sport

直到現在，我還記得當時發覺這一點的心情。因為就連晚上鑽進被窩時，都還在思考關於跑步的方法，所以突然想到時，我整個人跳了起來。我急於實際親身確認，於是立刻換上衣服，在自家附近的神官外苑，嘗試用扭轉跑法跑看看。

試跑下來，發現自己跑得比之前的活塞跑法更快更順暢，令我大受震撼。

扭轉上半身轉換成旋轉骨盆的力量

從肩關節像扭毛巾一樣，用力扭轉整個身體的扭轉跑法，乍看之下，讓人覺得不穩定以及多餘的身體動作。但是，只要身體的軸心穩固，便能將上半身扭轉產生的運動能量，轉換成旋轉骨盆的力量。利用這股力量把腳往前跨出，就能有效獲得推進力。

市面上教導跑者跑步時上半身必須保持穩定的跑步書，佔壓倒性多數，但那些是採用擺動跑法或活塞跑步的情形。扭轉跑法型若在跑步時保持上半身穩定，將無法加快速度。我再說一次，以適合自己骨骼狀態的姿勢跑步，比什麼都來得重要。

跑步時若能讓上半身和下半身產生連動，由於不需要仰賴雙腳肌肉出力，便能減少體力的消耗。比起只有雙腳的2馬力，加上雙臂成為4馬力之後，能跑得更快更長久，也是理所當然的。

跑步動作的起點是手臂的轉動方式，稱為「轉舵轉動法」。雙手像在操作改變航行方向的操舵輪（方向盤），畫圓弧一般，在身體前方由上往下順暢轉動。

手朝下時肩胛骨往前，接著手朝上時肩膀往後推，這時上半身就會產生扭轉。這股力量傳到軀幹，將帶動骨盆前後轉動。

扭轉跑法請用前腳掌著地

時下崇尚以前足部著地的「前腳掌著地（Forefoot Strike）」，但是在骨骼狀態上，適用此著地法的只有扭轉跑法型的跑者。擺動跑法及活塞跑法的跑者，不要「因為流行」就輕易模仿。

扭轉跑法的重心位在心臟的後面（背後）。若像擺動跑法的體長型跑者一樣，將重心放低的話，就會不得不用力邁開雙腳的步伐。若是運用扭轉跑法，只要將重心提高，就可從上半身建立動作鏈。

為此，扭轉跑法必須弓著背，從胸椎（胸部的背骨）扭轉身體。因為弓著背，胸椎扭轉比較容易。

這又跟動作鏈的原理有關，一旦弓著背，大腿後側到小腿的肌肉就會拉緊。如

此一來，腳尖自然朝下，就變成以前足部著地的前腳掌著地。

前腳掌著地受到矚目，主要是因為近年來席捲世界馬拉松的非洲各國頂尖選手中，很多是前腳掌著地的實踐者，但卻很少是扭轉跑法的跑者。

希望讀者不要誤解，雖說是前腳掌著地，但也並非意謂者不讓腳跟著地。而是以前足部著地，然後再腳跟著地，整個腳掌承載體重後，再連接下一個動作。

因為扭轉跑法要弓著背，所以臉部也會微微朝下。但重點是，絕對不能駝背。駝背和弓著背是不一樣的。

一旦駝背，無論是肩胛骨還是肩膀，都將無法大幅度動作，上半身的扭轉變小，下半身的動作也會跟著變小。

在路線的上下坡方面，扭轉跑法擅長下坡卻不善於上坡。這一點和擺動跑法正好相反。

腳尖朝下及腳尖先著地是扭轉跑法的特色，因此上坡陷入苦戰也沒辦法。相反地，由於下坡能夠牢牢抓緊地面，所以可以順暢地奔馳而下。

學會最適合自己的跑步法！——活塞跑法

像活塞一樣使兩個膝蓋上下移動的活塞跑法型，適合腿長體型且膝蓋以下比大腿長的人。

適合腿長體型的活塞跑法，常見於歐美或非洲各國跑者，不過在日本的頂尖跑者身上也可以看到。

在２０１３年世界田徑錦標賽女子馬拉松拿下銅牌的華歌爾公司選手福士加代子（參照49頁圖片）、代表日本參加倫敦奧運女子馬拉松，隸屬天滿屋隊的重友梨佐選手，都是活塞跑法的典型代表。曾隸屬日本大榮(Daiei)旗下的中山竹通選手，也是典型的活塞跑法。

所謂活塞，就是組裝於汽車引擎等圓筒形汽缸內，用來承受燃料燃燒產生的膨脹氣體的部件。名為連桿的部件，接收活塞直線往復運動的動能，經由「曲軸」轉換為旋轉的動能。

把這個概念挪到活塞跑法的跑步上，膝蓋的上下運動，就相當於活塞的直線往復運動。膝蓋到腳踝就是連桿，而藉由旋轉運動抓住地面，帶動身體前進的腳踝就成為曲軸。

膝蓋以下長，桿身也會變長，所以容易使膝蓋充滿動感的上下運動，因此可以獲得很大的旋轉運動和推進力。

抬起膝蓋時，會帶動大腿前側的大腿四頭肌動作，落下膝蓋時，則會帶動大腿後側的膕繩肌動作。然後在著地的瞬間，將力量從腳底傳至地面，轉換成推進力。

活塞跑法的手臂轉動方式，是「車輪轉動法」。手臂像蒸汽火車的車輪轉動一樣，由上而下橫向轉動。

就像市面上的跑步書所提到的，不需要把注意力放在將手肘向後拉與前後移動

活塞跑法的重點

圖片： 井隆史／アフロスポーツ

上。而是以「手腕→手肘→肩膀→肩胛骨」這樣的旋轉運動，透過動作鏈傳導力量，協助下半身的動作。

活塞跑法雖然步幅變小，卻能將腳從騰空的狀態，經重力作用自然落下的動能，有效率地直接轉換成推進力，成為活塞跑法的最大特徵。

腿太長，恐怕會因為腿的動作使得姿勢崩解。為了加大步幅而邁開腳步，身體的軸心會不穩定，要多加注意。

活塞跑法請用全腳掌著地

膝蓋大幅上下運動的活塞跑法，著地時勢必要採用整個腳底著地的全腳掌著地法。整個腳掌以彈簧的感覺，一邊壓地面，一邊以微微跳起的感覺跑步。

繼前腳掌著地，全腳掌著地也受到注目，是因為在非洲各國的頂尖跑者中，活塞跑法型和扭轉跑法型一樣多。

活塞跑法型以全腳掌著地明明是很自然的方式，倘若為了趕流行，改為以前足部用力蹬地的前腳掌著地，或是採用以往傳統的跑法，讓腳跟先碰觸地面的腳跟著地，跑步的效率就會變差。

活塞跑法型一旦以前腳掌著地，勢必要用腳踝調整角度，動作就會變差。或者一旦以腳跟著地，著地時的衝擊力傳到小腿的肌肉，造成小腿的肌肉變得僵硬，進而變成無法柔軟、壓力少的跑步。

曾經是活塞跑法型的中山竹通選手，為了跑得更快，矯正為以前腳掌著地，成為稀有的成功案例，不過中山選手是無法歸為某一類型的「複合型」，請當成例外來看待。

活塞跑法有特別善於平地、上坡下坡皆不擅長的特徵。因為是以腳底著地做上下活塞運動，會這樣也是理所當然。請努力維持跑步姿勢向前，在擅長的平地追回損失的時間。

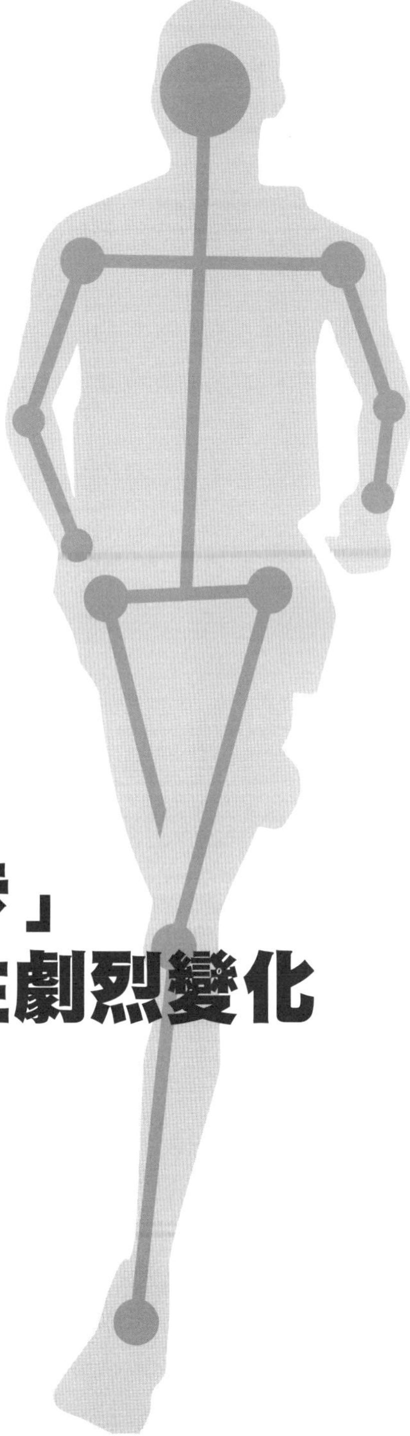

第3章

藉由「腳步」讓跑步產生劇烈變化

腳步的重點

學會適合自己骨骼狀態的跑法後，為了提升效率，要來改變對於腳步的認知。

一旦學會各種跑法所適用的「腳部旋轉方式」後，跑步表現將有明顯的提升。

因為這是許多業餘跑者不會的技術，所以只要學會並將意識集中在這點上，跑步成績應該會有大幅度的進步。

如下所示，根據三種跑步法的不同，腳步和腳的軌道也不同。

擺動跑法 ～ 想像踩在間隔約肩膀寬度的兩條平行線上跑步

扭轉跑法 ～ 想像踩在一直線上跑步

活塞跑法 ～ 想像踩在一個拳頭間隔的兩條平行線上跑步

擺動跑法型，讓腳保持肩膀寬度來轉動，能有效地帶動身體往前進。軌道設定為位在肩膀寬度延長線上的兩條平行線，為了盡量減少振動傳到身體軀幹，留意擺出去的腳要立即縮回恢復原狀。

扭轉跑法型，固定一個旋轉軸，使旋轉率提升是合理的。就像體操選手走在平衡台上一樣，想像腳踩在一條直線上前進，前進時，要留意將上半身與下半身往反方向扭轉。

活塞跑法型，注意雙腳盡量不要左右晃動，就能增加穩定感，進而提高跑步的效率。以越野滑雪的感覺，想像踩在一個拳頭間隔的兩條直線上跑步。

一旦以這樣的腳步實際嘗試過後，應該會對前進的流暢度感到驚訝不已。

如同前面所提到的，也有少見無法界定為某一類型的「混合型」跑者，保險起見，最好三種腳步都試試看，確認是否適合自己。

男性偏「外八字」、女性偏「內八字」

為了進一步提升三種跑步法的腳步效率，也試著把目光放在男女跑法的差異上。

基本上男女的骨骼是有差別的，只要仔細觀察，就會發現連適合的跑法也不同。

從結論來說，「腳尖」是重點。男性偏「外八字（螃蟹腳）」、女性偏「內八字」是正確的。

一般的跑步指導認為，腳尖保持朝向正前方，才是正確、有效率的跑姿，不過那是錯誤的。藉由男性偏向外八字，女性偏向內八字，就可以用適合各自骨骼方式順暢跑步。

男女骨骼，以骨盆的差異最為顯著。

女性為了準備將來懷孕和生產，骨盆橫向擴張，底部的坐骨則接近骨盆外側。

男性偏向外八字，女性偏內八字

從大腿後側到膝蓋後側，名為膕繩肌的肌肉，位在坐骨附近，在腳往後拉、踢腿動作上扮演重要的角色。在這點上，因為女性的坐骨位在外側，所以推蹬地面時，膕繩肌感覺會稍微直直向外側延伸。

相較之下，男性的骨盆較女性窄且深。坐骨也接近骨盆的內側。因此，踢蹬地面時，和女性相反，膕繩肌會有稍微直直向內側延伸的感覺。

所有跑步障礙全都消失

在這裡希望讓大家瞭解的是，「肌肉只會在直向拉開的方向作用」。

膕繩肌拉向外側的女性，只要讓腳尖呈「內八字」，就可以筆直地拉動肌肉。相反地，膕繩肌拉向內側的的男性，只要讓腳尖呈「外八字」，就可以筆直地拉動肌肉。

藉由這樣的動作，可以毫無壓力地，將膕繩肌原有的肌力發揮到最大。此外，像這樣採用適合跑者骨骼類型的方式跑步，也可以讓跑步障礙消失無蹤。

實際上，發生各種障礙，來拜訪我診所的人，在採取適合各自骨骼狀態的跑法後，所有障礙通通都消失不見了。

還有，大腿內側的膕繩肌，是三種肌肉的總稱。位在外側的是「股二頭肌」，位在內側有「半膜肌」、「半腱肌」，各自作用的情形有微妙的差異。

男性只要將腳尖呈現「外八字」，從腳部著地到離開地面的過程中，膕繩肌會以從外側的股二頭肌，牽動內側的半膜肌以至半腱肌的方式運作。

但是，如果男性將腳尖呈現「內八字」，股二頭肌以外的力量就會消失，膝蓋就會使不上力。

女性一旦將腳尖呈現「內八字」，從腳部著地到離開地面過程當中，膕繩肌就可以順暢地從外側的股二頭肌牽動內側的半膜肌，以至半腱肌的方式運作。

但是，如果女性將腳尖呈現「外八字」，股二頭肌以外的力量就會消失，進而讓膝蓋使不上力。

轉動手的方式男女有別

接下來，請大家先確認一下關於轉動手方式的細部要點。

首先彎曲膝蓋，兩手輕輕握拳放在胸部兩側。接下來，以感覺舒服的節奏，將手輕輕地向前轉動。轉動的圓面積大小沒有一定，只要牽動肩膀小幅度轉動就ＯＫ。

接著，雙手小幅度的交互上下轉動。手往下轉時，同一側的腳著地，手往上轉時，同一側的腳騰空，以這樣的方式來調整節奏。

在放下手的時機點著地，會增加由上往下的力量，所以可以藉由著地，從地面獲得更多的反作用力。而在手往上抬起的時機點，讓腳離開地面，因為力量被由下往上傳，所以有助於騰空時姿勢的恢復。

作為跑步動作起點的轉手方式

男性要將手背朝下

女性要將手背朝上

像這樣讓手的轉動方式和腳的動作同步，可以讓整體跑步動作變得更順暢及更輕快。

和腳尖的方向一樣，手臂的擺動方式也是男女有別。**男性只要將手背朝下轉動手臂，就容易活動到上臂前側的「肱二頭肌」及胸部的「大胸肌」。女性反過來將手背朝上轉動手臂，則容易活動到上臂後側的「肱三頭肌」和下背部的「擴背肌」。**

以這樣的方式帶動手臂及軀幹肌肉作用，跑步會更順暢更輕快。

努力不使力

不用骨骼，而是用肌肉跑步，就會不自覺地使力踢蹬地面，那會使得身體僵硬，產生不必要的晃動以及速度變慢的問題。

為了避免那樣的不良影響，在腳抵達地面時，要怎麼不使力便成為重點。

重點不是以肌肉的力量踢蹬地面，而是以骨骼向來的跑步方式，自然離地的概念。

說到底，人體中唯一接觸地面的部分——腳底，受到衝擊是跑步時煞車的主因。如何才能讓腳底在著地時承受較少的地面衝擊很重要。這也是為什麼跑得快的跑者，腳步聲就越小。

雖然聽起來有點抽象，但是「努力不使力」很重要。現在就來為大家介紹，為了達成這一目標所分成的訓練類別。

為了不使力，採用的是，身體這個物體所具備的「力偶」這項力學原理。所指的是兩個大小相同、方向相反的作用力。

擺動跑法的跑者，請想像雙腿像節拍器或鐘擺一樣，前後多加擺動約1cm。想將腳這樣重量的物體往前伸，後腳踢出的力道自然就會變大。

扭轉跑法的跑者，將肩膀向水平方向更加用力轉動1cm。另一側的肩膀會經由力偶的作用向前推，所以就可以不費力地構成動態動作。

活塞跑法的跑者，將膝蓋多往上抬高1cm的感覺來跑步。藉由這樣，讓使勁出力的情形消失的理由有兩個：

一個理由是，單側膝蓋抬得比以往高，著地的另一隻腳往下壓在地面的力量就會增加。有意識地壓過地面會讓身體使勁出力，但因為是藉由上下方向的力偶自行施壓，所以不但不會產生吃力或僵硬的情形，還能獲得更多的推進力。

另一個理由是，膝蓋抬得比較高，位能也會變大。從更高的地方著地，就可以活用更大的位能，毫不費力地前進。

像這樣，下一點功夫，一邊為自己打造適合的跑姿，一邊學會適合自己骨骼狀態的跑法。

不使力也能變快的跑步要點

擺動跑法 → 雙腿像鐘擺一樣前後擺動

扭轉跑法 → 肩膀用力向水平方向搖擺

活塞跑法 → 膝蓋抬得比之前高1cm的感覺

第4章 藉由波浪跑成為終極環保車

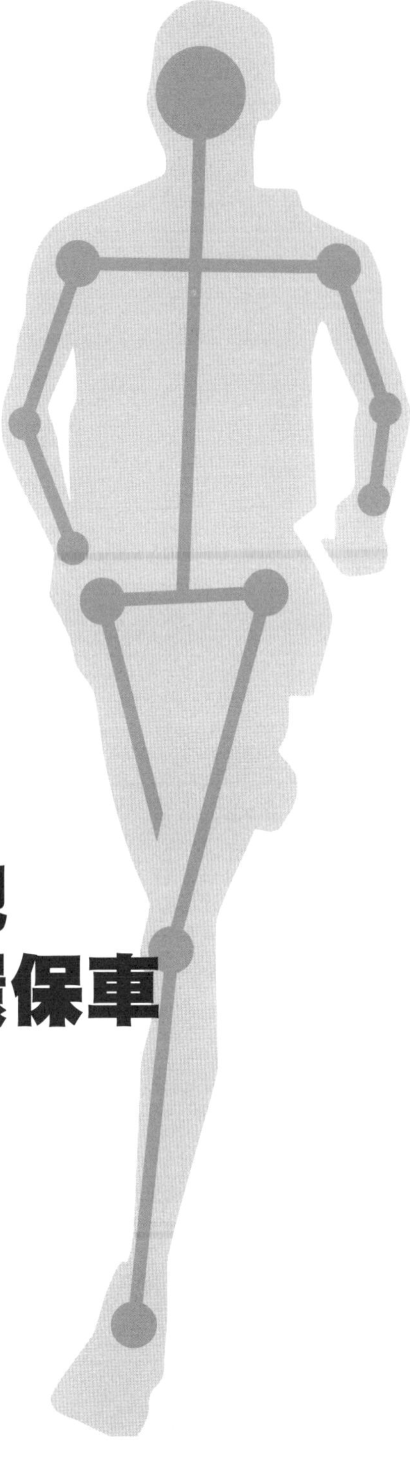

何謂最有效率的有氧運動？

跑步是使用氧氣一邊代謝能量一邊持續進行的有氧運動（Aerobic Exercise）。就像馬拉松一樣，以長時間長距離跑步，為了更新自己的最佳時間，如何有效率地做有氧運動，是掌握關鍵力的鑰匙。

為了有效率地跑完馬拉松，從能量消耗率的觀點來看，據說50%左右的「最大攝氧量（VO2 max）」為最佳。所謂的最大攝氧量，就是指身體所能吸收到的最高氧氣數值。50%代表「即將產生喘氣感的最大值」。

若像馬拉松或驛傳的選手一樣，進行嚴峻的練習，即將產生喘氣感的等級，有機會提高至最大攝氧量的70～80%，至於一般業餘跑者的平均值則落在50～55%。

不過，以50%的最大攝氧量持續跑步，實際上速度會太慢。如果以跑完全程為目標，以這樣的程度來跑就可以，但是對發揮平日練習成果，以更新自己最佳紀錄為目標的跑者來說，這樣跑是不夠的。

這麼一來，運動強度勢必要以超過最大攝氧量的50％來跑。如此一來，就會變成在不消耗氧氣的狀態下代謝能量的無氧運動（Anaerobic Exercise）。這是因為運動強度提升，來不及提供充分氧氣給活動中的肌肉。

運用「慣性」不浪費能量的跑步方法

並非有氧運動，而是無氧運動的比例一旦增加，就會出現能量耗盡，速度突然急遽減緩，所謂的「30～35公里的撞牆期」。

如果說汽車的帶動能量來自汽油或電力，人體的能量來源就是「糖類」和「脂質」。兩者經常是同時被消耗，但具有在低強度的有氧運動裡，脂質的消耗率高，越是高強度的無氧運動，糖類的消耗率就越高的特徵。

糖類以「肝醣（glycogen）」的形式、脂質以「中性脂肪」的形式，儲存在我們的體內。世界上似乎有體重超過600公斤的人，幾十公斤、幾百公斤的中性脂肪，以這樣的形式被儲存。然而，肝醣在肝臟和肌肉的儲存量卻只有幾百公克。

一旦無氧運動的情形增加，糖類從比賽的前半段開始不停地被消耗，後半段容易面臨「燃料不足」的局面。由於脂質和糖類經常是同時消耗的機制，所以就算脂質再多，一旦糖類用完，就會無法繼續跑下去。

以最大攝氧量50%的運動強度來跑，速度會太慢，若想以高於這樣的速度更新自己的最佳紀錄，後半段將會用盡體力，跑不動……。能夠解決所有這些微妙問題的，就是我所提出的「波浪跑」。

波浪跑是大家不太熟悉的名詞，如同字面上的意思，就像描繪波浪一樣，以一定的間隔，交替進行努力跑和輕鬆跑的跑步方法。

如果拿汽車做比喻，行進間不踩煞車，而是交替踩放油門，就可以節省肝醣如此寶貴能量來源的「終極環保車跑法」。

以收油門輕鬆跑的模式，可促進血液循環，因為是一邊跑一邊代謝造成疲勞的物質，所以能夠最大限度地運用能量效率，而不會減慢速度，藉以更新個人最佳紀錄的跑法。

名為跑者的「物體」，是以時速13～14公里的速度移動，當然會有「慣性」作用。這是讓煞車歸零，百分之一百運用慣性作用跑步的終極波浪跑。

均速跑是在浪費能量

一般認為，以均速跑馬拉松是最理想的方式。也就是，破4為1公里花5分40秒、破3．5為1公里4分55秒、破3為1公里4分15秒的均速。但實際上在以更新自己最佳紀錄為目標的等級，要以均速跑完全程，對企業集團級的頂尖跑者來說也是很困難的事情。

大多數的跑者，考慮到面臨30∫35公里的撞牆期速度減慢的問題，會先以快於均速的速度來跑體力充沛的前半段，「存時間」後，到了後半段速度減慢時，再做抵銷。

儘管如此，那還是以用理想均速更新自己最佳紀錄為目標。根據目標時間計算出均速，輸入腦中並加以練習，在正式比賽時按照均速來跑步。

但是，一切都按照預期進行的馬拉松賽程是不存在的。剛起跑不久就遇到瓶頸，沒辦法隨心所欲地跑步，是常有的情況。就像天空不會一直是晴天一樣，身體狀態也有高低起伏。這些速度起伏，具有速度越快，起伏就越大的傾向。

不論是外在或是內在環境都不穩定，想保持1公里4分15秒的均速，就像汽車開開停停油耗會變大一樣，反覆地減速跟加速，會在跑步過程中浪費掉寶貴的肝醣。

過度用腦與能量來源枯竭息息相關

想在比賽中保持均速，陷入隨時隨地都在確認時間而過度用腦的狀態，肝醣浪費的情形恐怕只會更加嚴重。

腦部主要以「葡萄糖」作為能量來源，葡萄糖和肝醣是相同糖類的一種。如果血液中葡萄糖的含量不足，那麼儲存在肝臟的寶貴肝糖就會被分解成葡萄糖，以供腦部使用。

雖然腦部重量因人而異，不過大腦的重量約占體重的2％。但是安靜時，消耗的能量卻是占全身消耗能量20％的「大胃王」。如同加重消耗般地，在比賽中過度用腦，可能導致寶貴的肝糖枯竭。

基於這些理由，想維持均速，恐怕會提早耗盡體力而止步。只要是馬拉松跑者，應該都經歷過這樣的失敗。

基本上，要像這樣維持均速跑步，依骨骼類型及跑法，有分適合與不適合。

最適合這種均速跑步的，是活塞跑法型。因為雙腳就像又長又大的輪子在轉動般，所以可將速度產生的變化控制在最小限度。日本跑者中，以擺動跑法和扭轉跑法占的比例最多，這兩種類型原本就不善於速度跑。

免於肝糖被消耗殆盡

波浪跑將煞車控制在最小限度，所以可以免於肝糖被消耗光。

以下坡或是身體狀態佳時，踩油門提升速度，上坡或是身體狀態不佳時，鬆開油門並且利用慣性讓身體滑過的感覺來跑步。

藉由順暢、毫不費力地進行這項切換，最大限度地、有效率地使用肝糖和脂質這些能量來源，將平時鍛鍊的能力充分發揮，就有可能以勝利之姿達成目標。

大多數的跑者，總是毫不懷疑地以每公里或每5公里該跑多少時間，來管理跑步的「過程」，但是馬拉松的時間終究只是跑步的「結果」。企圖以過程決定結果，基本上似乎過於牽強。

不論是練習還是正式比賽，波浪跑基本上都不配戴手錶。根據「好像可以跑」或是「速度變慢了」的體感方式，時而踩煞車時而放開油門，像是滑行的感覺來跑，而不是以每公里或每5公里的時間管理跑步。

踩下油門時，採用從62頁開始介紹的「努力不使力」的跑法。

為大家複習一下，擺動跑法為「雙腿像節拍器或鐘擺一樣，前後多加擺動約1cm」，扭轉跑法為「將肩膀向水平方向更加用力轉動1cm」，活塞跑法則是「以膝蓋多往上抬高1cm的感覺來跑步」。

收油門時，雖然解除各自「1cm」的努力，但要以利用慣性滑行的感覺跑步。

「好像可以跑」或是「速度變慢了」的變化，有時會以時間差來表現，有時只有體內環境的變化，並不會反映在時間上。

在我路跑隊上的許多成員，雖然以「適合骨骼的跑法＋波浪跑」刷新了個人最佳紀錄，但不論是練習賽或正式比賽，我都指導他們不要戴手錶。

雖然會告知比賽結果時間，不過那麼做只是為了參考體感時間與實際時間的相關性。

所謂「不費力地超越」的感覺

談到姿勢跑法好還是不好，其中一項基準，就是「跑步經濟性（running economy，簡稱RE）」。

跑步經濟性，相當於汽車油耗（汽車燃油經濟性）。汽車油耗是以耗油量作為計算基礎，跑步經濟性則是以相同運動強度下，跑步時的耗氧量為計算基礎。

如果以相同的速度跑步，耗氧量越少跑步經濟越性高。

一言以蔽之，波浪跑是「跑步經濟性高的跑法」。

跑步以兩腳循環交替著地，單腳落地時，像是跨越這隻腳般，毫不費力地使全身的重量移動，則是提高跑步經濟性的訣竅。

游泳時，用手臂抱水後，像是要突破障壁般，一邊將水划向胸前，一邊帶動身體往前進。

同樣的原理，跑馬拉松時，前腳落在身體前方後，使大腿後側的膕繩肌和臀部的臀大肌作用，像是跨越著地的腳般，推動身體往前進。

一旦往前落下的腳產生不必要的衝擊，踩下煞車，跑步經濟性就會降低。

著地不是「踩下」而是「落下」

為了提高跑步經濟性，讓我們稍微深入地解析跑步的動作。

跑者的腳步，追究其原因可歸納出「推蹬期」和「恢復期」這兩種階段（狀態）。

推蹬期是著地後腳推壓地面（推蹬）的狀態，恢復期是雙腳離開地面到再次著地前的騰空狀態。

藉由推蹬期獲得推進力，在恢復期則是為了進入下一個動作稍作休息。

細部分析推蹬期，可得出「著地」→「推蹬」→「離地」三個階段。

毫不費力、順暢地在三個階段做旋轉運動為理想狀態，提高跑步經濟性，是跑得更快更遠的要點。

◉腳步的三個階段

1. **著地**（接觸地面，但不踩煞車）
2. **推蹬**（用著地腳壓過地面）
3. **離地**（接觸地面但不施壓，只有腳底呈捲縮狀）

一開始的「著地」，以靜靜把腳放下的感覺，接觸地面很重要。與其說是「踩下」，「落下」的形容更加貼切。

接下來的「推蹬」，單腳支撐體重，確實地壓過地面。此為踩下油門，加快速度的階段。

大多數的跑者，對著地腳過度專注在「踢」或「蹬」上面，但實際上發揮力量的是「壓過」的感覺。

把注意力集中在「踢」「蹬」上面，容易使上下動作變大，跑步經濟性下降。

最後的「離地」，腳底不需要壓著地面，而是以放鬆的狀態，從地面捲起的平衡階段。

這些推蹬階段，在腳離開地面的瞬間完成，轉而進入恢復期的狀態。

恢復期以身體朝向前進方向，與地面呈水平跳起為理想，如果誤解這裡的「跳起」，身體就會用力往垂直方向跳。往上跳，不但不會前進，還會讓著地時的衝擊力道變大，陷入踩煞車的惡性循環，所以必須注意這微妙的平衡。

介紹完波浪跑的原理後，接下來要介紹實際上如何掌握波浪跑。就像不煞車只控制油門來開車的波浪型跑法，身體恐怕必須要先學會從未體驗過的新感覺。

因此，下一章，將介紹三種掌握波浪型跑法的基礎訓練。每一種訓練都很簡單。

第5章

掌握波浪跑的簡單訓練

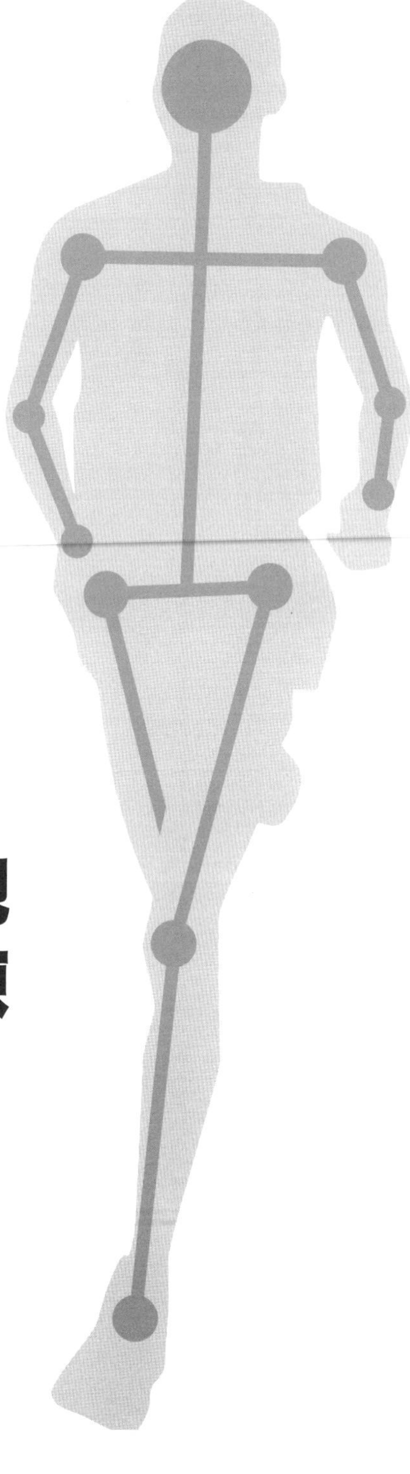

波浪跑的簡單訓練——跳躍&跑步

那就趕快來介紹三個掌握波浪跑的簡單訓練方法吧。

◉波浪跑的簡單訓練

1. 跳躍&跑步
2. 單腳跳起
3. 爬樓梯

首先，從反覆跳躍及跑步的「跳躍&跑步」開始。

做波浪跑時，要在覺得「可以」的時候踩油門。利用跳躍來鍛鍊當下的瞬間爆發力。

產生瞬間爆發力時，很容易出現用力的情況。所以要學會毫不費力地轉換來自地面的反作用力（不踩煞車），並且使身體往前進的感覺，跳躍最合適了。

具體來說，如果跳了10步，接下來就要跑20步。這樣為一組。一邊維持跳躍腳的節奏，一邊留心順暢地移到跑步。

跳躍時，在使用到臀部臀大肌及大腿後側膕繩肌的同時，請記得要放鬆小腿肚「小腿三頭肌」的力量。

臀大肌扮演承受著地時產生的衝擊力量的角色，膕繩肌則扮演使大腿根部的髖關節伸展，轉換成推動力的角色

這時小腿肚的肌肉一旦用力，雙腳就無法產生有節奏的旋轉運動。因此，要記得放鬆小腿肚的力量。

跑步時也是一樣，極力避免使用到小腿肚的肌肉。仔細觀察席捲馬拉松界的非洲頂尖跑者，會發現他們的小腿三頭肌都很纖細。

男子馬拉松的世界紀錄保持者（2小時3分23秒，2013年柏林馬拉松）肯亞選手基普桑，小腿肚非常纖細。

圖片：REUTERS／AFLO

就像在揮鞭子或釣竿時一樣，想要以髖關節為起點，使整個腿部彎曲，有效獲得推進力，最好讓末端的小腿三頭肌放鬆不用力。

跳躍&跑步，就是為了達到這樣的目的所做的訓練。

暖身運動的真正意義

跳躍&跑步，加入練習前的暖身運動，效果會更好。

我們常聽到「暖身運動」這個名詞，但是了解實際的意義，有效執行的人似乎不多。

暖身運動，顧名思義就是要讓身體熱起來。要從通勤或家事這樣的日常生活模式，轉換成像跑步一樣的運動模式，為了切換身體進入適合運動的狀態所做的準備動作。

藉由暖身運動所做的切換有，「血流切換」「肌肉切換」「神經切換」這三種。

現在就來依序說明這三種切換模式。

所謂的血流切換，就是改變體內血液分佈的情形。成人體內的血液量大約只有5公升，平常大多流經腦部、肝臟及腎臟等內臟。但是一旦運動起來，為了讓成為主角的肌肉及因運動熱起來的身體冷卻，血液會朝皮膚表面集中。

所謂的肌肉切換，是指改變肌肉的使用方式。「站立」「走路」「坐下」等日常生活中的動作，是由像手腳這樣的末端部位來使用肌肉。運動時，順序反過來，從為身體中心的軀幹向末端來使用肌肉。

所謂的神經切換，指的是身體從安靜狀態佔優勢的「副交感神經」，轉換成將體內環境調整為適合活動狀況的「交感神經」為主。交感神經和副交感神經合稱「自律神經」，自行掌管著血液循環、血壓、體溫調節、內臟活動等，使體內環境維持正常的機能。

跳躍＆跑步可綜合性地促進這三種切換，引導身體轉換成適合跑步的體內環境。因此，在練習前加入暖身運動，效果會更好。

藉由跳躍＆跑步導入快動作

跳躍＆跑步，以跳10步和跑20步為一組，約重覆5組。

跳躍時，藉由快動作讓注意力集中在瞬間爆發力上。但是，用力時會妨礙動作無法圓滑流暢地進行，因此，請藉由有節奏、不費力地跳躍，讓身體學會有效率的環保車跑法。

經由跳躍，與強化著地時的臀部臀大肌，以及產生推動力時大腿後側的膕繩肌息息相關。再次提醒大家，要記得放鬆小腿肚的小腿三頭肌。

跑步時，運用作為腿部旋轉運動的軸心點——髖關節附近的臀大肌和膕繩肌，

跳躍＆跑步的要點

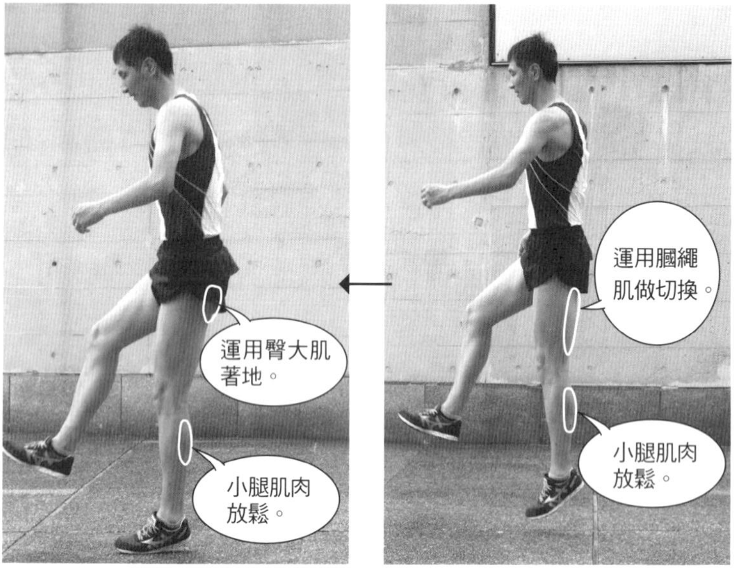
運用臀大肌著地。
小腿肌肉放鬆。
運用膕繩肌做切換。
小腿肌肉放鬆。

才是正確的作法。不過，用小腿肚的肌肉推蹬地面，會因為過度出力而累積疲勞。馬拉松比賽後半段，出現小腿肚等肌肉疲乏現象，就是不當出力造成的。

小腿放鬆，就能夠順暢地進行旋轉運動。所以如同前面所描述的，在非洲各國頂尖跑者中名列前茅的跑者，小腿都很纖細。如果要像鞭子一樣甩動雙腿來跑步，末端放鬆保持輕盈比較有利。

跳躍後的跑步，不要以比跳躍

還快的速度進行。

請始終保持與跳躍相同的節奏繼續跑。在反覆進行「跳躍＆跑步→跳躍＆跑步」的過程中，不可以改變動作的節奏。無論是跳躍還是跑步，只要保持相同的節奏持續運動，就可以自然學會波浪跑。

波浪跑的簡單訓練——單腳跳

跳躍＆跑步的下一步，希望做的是「單腳跳」。

跳躍一般是兩腳交替跳，單腳跳照字面的意思，就是用單腳連續跳動的訓練。

單腳連續跳5步後，再換成另一隻腳連續跳5步。這樣為一組動作，做5組。

執行這個動作時，希望可以留意到沒有跳動一側的腳的動作。

單腳跳的要點

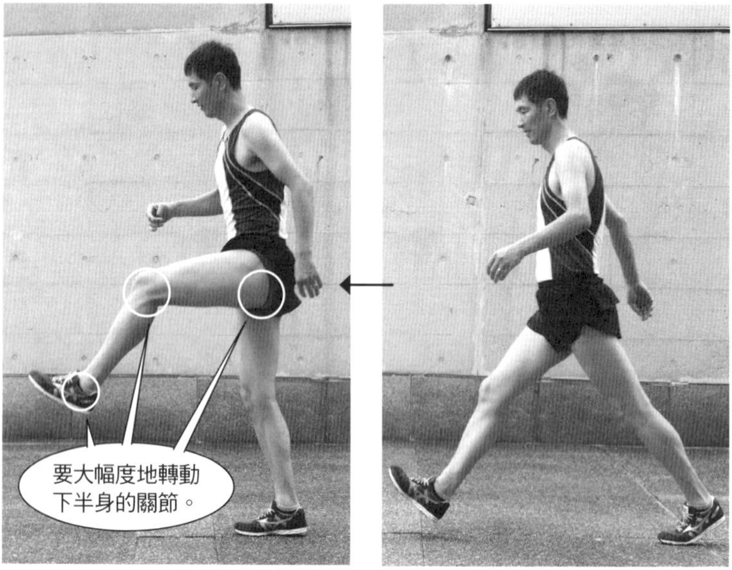

在我路跑隊的練習活動上，即使指導學員「大動作地跑步」，如果不具備柔軟度、肌力、瞬間爆發力，也很難實踐。不過，若是藉由單腳跳動並支撐體重，就能夠以自由的另一隻腳，感受大幅度跑動的感覺。

不做跳動的另一隻腳，在大幅轉動腳關節（腳踝）、膝關節、髖關節等下半身所有關節時，動能會從腰部到肩胛骨，產生全身、動態性的連鎖反應。

進行單腳跳時，身體會記住不浪費能量的關節連鎖反應，逐漸學會用有效率的大動作跑步。

如果說跳躍＆跑步是將肌肉狀態轉換成跑步模式，那麼單腳跳就是將關節狀態轉換成跑步模式。因此，把單腳跳也加入練習前的暖身運動中，也能發揮很好的效果。

暖身運動的目的，可以說是為了切換肌肉、血液、神經這三種系統，如果要再追加一項，還需要讓關節適應跑步的「關節切換」。

開始練習前，事先以「跳躍＆跑步→單腳跳」的順序進行暖身運動，使肌肉和關節切換成跑步模式，就能實現有效率的跑步方法。

波浪跑的基礎訓練——爬樓梯

三個基礎訓練，最後希望進行的是爬樓梯。

爬樓梯的要點

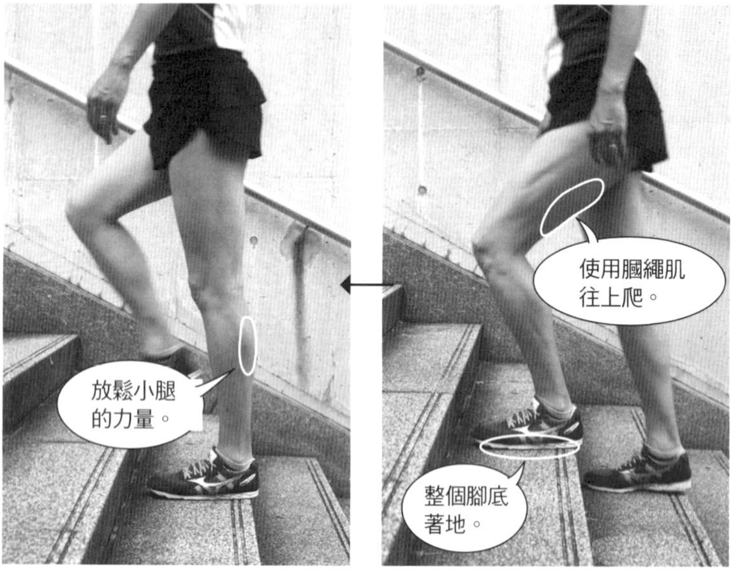
使用膕繩肌
往上爬。
整個腳底
著地。
放鬆小腿
的力量。

這是在平常通勤或購物時，藉由車站、辦公室或是百貨公司等場所的階梯，就能輕鬆達成的訓練。更有效的做法是，在練習路線中加入階梯。天橋、河堤、神社、寺廟等，只要用心去找，就會發現身邊有很多地方可供練習用。

爬樓梯以迅速地、有節奏地往上衝為要點。用腳尖爬樓梯，會用到小腿肚的小腿三頭肌，所以請把注意力集中在以整個腳底

著地，使用到大腿後側的膕繩肌。如此一來，藉由波浪跑產生推進力的膕繩肌就能獲得強化。

肌肉分成容易使用以及必須有知覺地使用才會有效用的肌肉。相對於容易使用的大腿前側股四頭肌，在跑步中扮演重要角色的膕繩肌及臀部的臀大肌，為必須有知覺才能有效使用的肌肉。

肌肉分成受人的意識所支配的「隨意肌」，以及不受人的意識支配的「不隨意肌」。股四頭肌、膕繩肌、臀大肌都是隨意肌，但是在無意識情況下，重複相同動作的跑步中，用到的肌肉比較接近不隨意肌。

為了動到有知覺才能使用到的肌肉，我們可以運用動作鏈控制。

就像前面提到過的，全身的肌肉是相互牽動的。這就是動作鏈，採用某種姿勢，藉由加重特定的動作，產生連鎖反應，使肌肉容易運用的技巧，就稱為動作鏈控制。

爬樓梯時，容易腳跟用力著地，不過若改成像是「把腳放上去」一樣，不發出腳步聲地持續往上爬，就可以自然而然地用到原本必須有知覺才能使用到的膕繩肌和臀大肌。

如果說跳躍＆跑步及單腳跳是負責切換肌肉與關節模式的角色責任，那麼爬樓梯則具有肌力訓練般的效果。

以忍者之姿衝上階梯

我理想中有彈性地爬樓梯，是以膝蓋與髖關節呈現微微彎曲的狀態，迅速地「把腳放在階梯上」，靠著膕繩肌和臀大肌的力量，使身體從下往上抬起。如此一來，就能將「著地後輕壓」這樣具有效率的跑步經濟性輸入你的身體。

大多數的業餘跑者，容易在著地前出力，每用力著地一次就煞車一步的方式跑步。推進力因此被抵銷。

為了改善這樣效率不佳的跑步法，一口氣登上階梯較有效果。這麼一來，膝蓋和髖關節彎曲角度更深，藉由像是「把腳放上去」一樣輕輕著地，更容易將注意力集中在膕繩肌和臀大肌上面。

飛奔上樓梯時，宛如忍者一般，從最下面一層，不限制初速般，安靜、順暢且有節奏地衝上階梯。

作為跑步的練習，以1組50階為基準。務必在練習路線中，加入天橋等的行程。在階梯不滿50階的情形底下，可以往返練習。

1組50階做10組，總計500階。即使一星期練習一次，也會對膕繩肌及臀大肌造成刺激，可以對訓練成果抱以期待。

做這項衝刺爬樓梯時，不必拘泥階梯數，也建議在通勤或購物時練習看看。

上班族在通勤時利用的車站或者辦公室，應該有機會碰到階梯。上樓時，不要搭乘手扶梯或電梯，改由輕快地衝刺而上。

只要實踐本章所介紹的三種訓練，就能自然掌握波浪跑的基礎。

第6章

藉由細胞分裂跑檢測實力

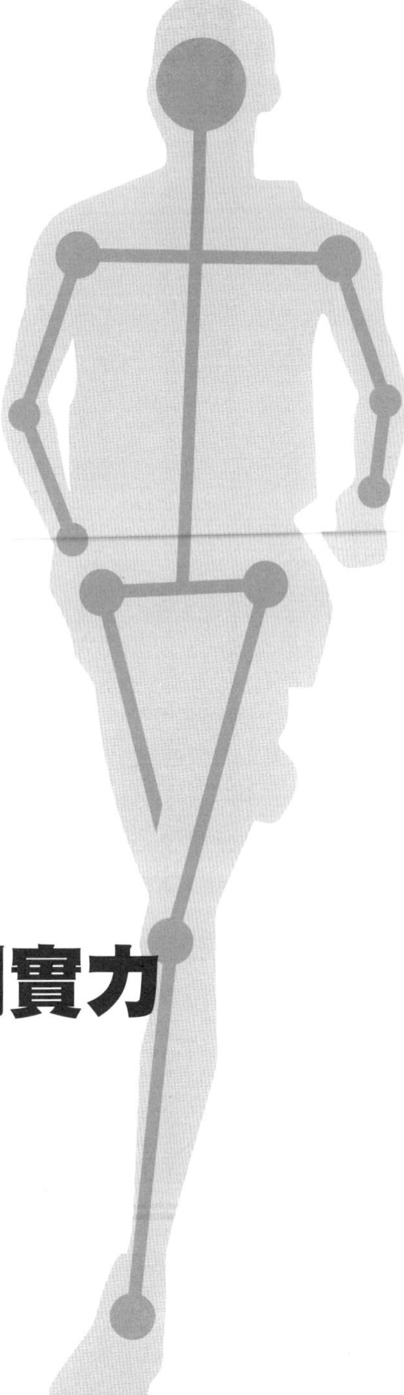

鼻呼吸足以應付的速度就是「最佳跑速」

跑步基於個人的骨骼、肌力以及心肺功能等要素，每個人有適合自己的速度。我將它稱為「最佳跑速」。

像是反其道而行，大多數的業餘跑者，通常從馬拉松的目標時間推算回去，比方說破4是每公里5分40秒，破3．5是每公里4分55秒，破3是每公里4分15秒，以各種比賽數據為基準，安排練習速度及比賽計劃。

最佳跑速與目標時間，碰巧越接近或許越容易跑出好成績。不過，適當的跑步速度因人而異，用明確的目標時間往回推算，決定練習速度或比賽計劃，成功機率低，所以並不推薦。

用超出必要的速度練習，不僅無法有效提升跑步能力，過於勉強也會讓運動傷害的風險增加。不是拼命努力跑，就能縮短到達終點的時間。

不以目標時間作為參考標準，那麼應該以什麼作為標準，來進行練習？答案就是「鼻呼吸」。

人類正常是用鼻子吸氣，從鼻子吐氣。藉由透過鼻子這樣的構造，過濾空氣中的灰塵或是病毒等有害物質。還可進一步將外氣調整成適當的濕度和溫度，再吸入肺中，具有減低對身體帶來不良影響的功能。

或許有人會認為跑步時用嘴巴呼吸很理所當然，但是說到底，嘴巴是食物的入口，鼻子才是空氣的進出口。

感到呼吸困難時，會張開嘴巴「哈哈」「吁吁」地喘氣。像這樣，無法用鼻子呼吸，證明對身體造成了強烈的壓力及負擔。

用400公尺距離來檢測最佳跑速

跑步時，速度越快，肌肉為了產生更多的能量，需要大量新鮮的氧氣。假如以鼻呼吸無法維持足夠的氧氣供應，就需要動員口呼吸，將氧氣送進體內。

那樣超出身體能力範圍的事不可能持續3到4小時，所以從起跑到抵達終點，跑完全程馬拉松的速度上限，會是逼近口呼吸的鼻呼吸速度。

因此，我將介紹方便大家理解鼻呼吸速度上限的方法。

以鼻呼吸試著跑看看400公尺，慢慢提升速度，感覺到呼吸困難，想要張開嘴巴呼吸的速度，就是你目前的最佳速度。

對於以口呼吸將身體推到極限，進行大量練習的跑者來說，或許會覺得鼻呼吸的速度上限不夠用。但是，將後半段失速風險降到最小，跑完全程馬拉松，才是基本配速。

鼻呼吸的速度上限，一般為最大攝氧量50％的強度。當然，單純只以鼻呼吸跑步，輕鬆過頭，速度會太慢，將無法刷新自己的最佳成績。

「嘴巴要開不開」這樣的極限速度是重點。

跑力提升，最佳跑速也會跟著改變，所以原地踏步時，為了慎重起見，可以用400公尺檢測一下最佳跑速。

最佳跑速不變或下降時，請重新檢視練習內容，一般認為，只要最佳跑速提升，就能看到練習的成果。

一邊維持最佳跑速一邊延長跑步的距離

藉由400公尺距離了解目前的最佳跑速後，接下來試試看用這個速度能跑多少距離。

不要設定距離，以嘴巴要開不開的鼻呼吸能夠繼續跑的速度，試試看能夠跑多遠，藉此判斷自己的「適當距離」。一開始，有人可以跑5公里，有人可以跑10公里。以此作為練跑的起點，最後練到可以跑完馬拉松的距離。

大多數的馬拉松指導者，為了延長跑步距離，會指導跑者降低速度來練習，但是這樣會使得高跑步經濟性的跑步瓦解。

最佳跑速是根據骨骼、肌力、心肺功能等，依跑者個人的體格或體質而定，一邊維持各自的最佳跑速，一邊拉長距離，才是更新個人最佳成績的捷徑。

未維持最佳跑速，使跑步經濟性降低，容易養成浪費無謂能量的習慣。久了會累積肉眼看不見的壓力，將來可能導致身體發生傷害。

至於一邊維持最佳跑速，一邊延長跑步距離的具體方法，我提議「細胞分裂跑」。

細胞分裂跑的話，無論是誰都能輕鬆延長距離

那麼，接下來我將具體說明細胞分裂跑的實踐方法。

我們假設以嘴巴要開不開的鼻呼吸持續跑的最佳跑速，一開始跑的最遠距離為5公里。在接下來的練習，要將這個5公里分成2．5公里跟2．5公里，因此稱為「細胞分裂跑」。跑完最初的2．5公里，中間間隔（休息）1分鐘到1分30秒左右（休息期間要完全停下腳步）。

由於原本就具有以極限鼻呼吸跑完5公里的跑力，所以照道理來說，才跑一半的2．5公里應該很輕鬆。藉由休息恢復體力後，以極限鼻呼吸跑完後半段的2．5公里。在這之後，試試看自己能跑多遠。

因為中間有休息，照理說，能夠以極限鼻呼吸跑的距離應該會拉長。或許可以

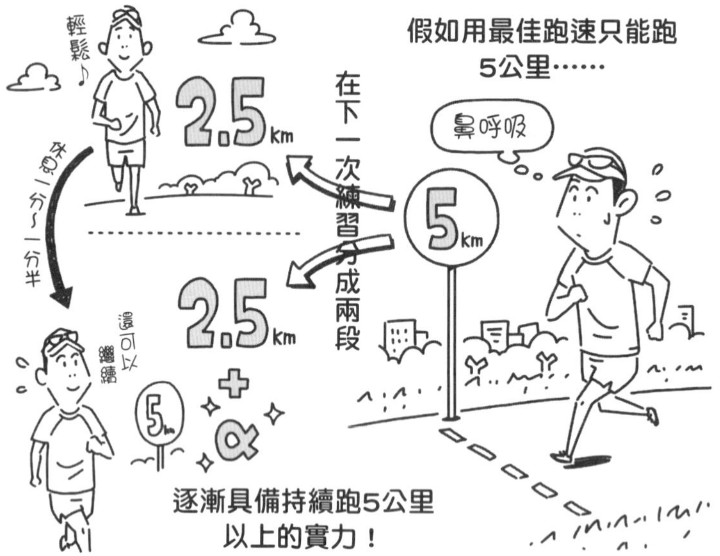

所謂的細胞分裂跑

跑上3公里或3．5公里，總距離就變成了5．5公里或是6公里。

像這樣，藉由以極限鼻呼吸分割跑步距離並且進行練習，因為較為輕鬆，所以能夠大幅拉長跑步距離。

我再重申一遍，跑力不會因為死命練習而獲得提升。藉由極限鼻呼吸，一邊對跑者施以適度的負荷，一邊分割能跑的距離，逐漸拉長跑步距離的手法，可以用最短距離有效刷新自己的最佳成績。

細胞分裂跑和間歇跑的差別

看完前面的內容，或許有人會想「雖說是細胞分裂跑，但簡單來說，就跟間歇跑一樣吧？」。

所謂的間歇跑，就是在1000m×5趟、800m×10趟等較短距離之間，穿插1分到1分30秒左右的慢跑（休息），再以快於比賽的速度衝刺，交替進行的練習法。

有分成「3公里→2公里→1公里」的模式，也有將休息時間縮得更短的模式，距離、次數、休息時間的組合相當自由。

那樣的間歇跑和細胞分裂跑的確很類似，卻有以下三點較為明顯的差異。

首先是「速度」的差異。細胞分裂跑維持以極限鼻呼吸跑步的速度。同時這也是能夠將個人能力發揮到極限的馬拉松基本比賽配速，所以才要以一邊讓身體熟練，一邊拉長能跑的距離。

另一方面，間歇跑是以口呼吸，最大攝氧量70％～90％的高配速做衝刺。有的跑者為了達成破3（每公里4分15秒的配速），會以每公里3分40～50秒左右的配速，進行1公里×7～10趟的間歇跑練習。

間歇跑和細胞分裂跑的「目的」也不同。細胞分裂跑以用極限鼻呼吸拉長能跑的距離為目的。對此，間歇跑則是對身體施以超過比賽速度的超負荷，藉此提升最大攝氧量。

間歇跑雖然是以快斷氣般的口呼吸跑步，但因為不是連續跑，所以可以穿插休息，分成好幾次訓練。

最後的差異是「休息」的方式。細胞分裂跑在休息中必須完全停下腳步。由於可就地而坐，充分休息，深呼吸使身體完全放鬆。如此一來，能讓肌肉的血管擴張而血液循環變好。血液便得以將氧氣、養分輸送到身體各部位，讓身體得到充分的放鬆和休息，恢復精神。

另一方面，間歇跑通常在強度較高的快跑後，大幅降低速度，穿插２００公尺左右的慢跑。目的是藉由帶著某種程度的疲勞狀態繼續跑，來提升能量代謝效率。

在超過50%最大攝氧量的跑步中，作為肌肉能量來源的糖類，消耗量增加時，會造成一種叫「乳酸」的代謝產物積蓄。乳酸可以再利用作為能源之糖類使用，藉由穿插慢跑，提高乳酸回收的效率。

用玩遊戲的感覺累積小小的成就感

細胞分裂跑藉由「分裂＋休息」所增加的距離（５公里的例子，增加０．５～１．０公里），可成為引出自身潛力的契機。這是因為「超負荷（overload）原則」所產生的作用。

所謂超負荷原則，是指訓練理論的基本原則之一，想要加強體能，就必須給予超過平常所能負荷的強度（超負荷）。

最初以極限鼻呼吸只能跑5公里的跑者，若以細胞分裂跑延長了0．5～1．0公里距離，這樣就成為超負荷。

在2．5公里＋3．5公里加跑1公里，總共能跑6公里後，隔週將6公里分裂成3公里＋3公里。

跑完3公里，穿插1分30秒的休息，體力恢復的後半，應該可以跑超過3公里。假如能跑到4公里，增加的1公里成為超負荷，能力就能獲得提升。

「好了，今天可以跑多遠呢!?」帶著玩遊戲的感覺，因為包含著一邊享受一邊累積小小成就感的要素，所以應該可以保持動機持續成長下去。

「忍耐並且控制跑速」也是練習的一環

必須記住的是，不可打破以嘴巴要開不開的極限鼻呼吸跑步這項原則。這樣的速度是留有餘力在跑步，所以只要想提升速度，隨時可以做到。

業餘跑者中，跑得很認真的人很多，很容易就超速。所以我要再次提醒各位，不是把自己逼到極限，練習得越努力成果就越好。以極限鼻呼吸的速度，「忍耐並且控制跑速」也是練習的一環。

細胞分裂跑的後半段，一旦出現「想拉長更多跑步距離」的念頭而使勁跑，容易變成口呼吸。但是，即使以口呼吸努力拉長了跑步距離，也不會成為有效率的練習。

無論如何，都請維持嘴巴要開不開，極限鼻呼吸的速度。

那麼，從5公里開始細胞分裂跑的情況下，在能跑完10公里前，請循序漸進地實際訓練。我會介紹達成此目標的訓練計劃，請作為參考。

或許有人可以跑更長的距離，所以請試著以這個例子為範本，制定自己的訓練計劃。

在這個範例中，每跑2公里就穿插一次休息，最後一次以拉長距離的形式，或者每3公里穿插一次休息等，按照喜好自由安排也OK。

只不過，不要太貪心想一口氣從5公里延長到10公里。1公里、2公里慢慢拉長才有效果。反正要藉由慢慢拉長距離鍛鍊體能，之後在拉長距離時發揮能力。

◉5～10公里細胞分裂跑的範例（起始的適當距離為5公里）

第一週　6公里　2.5公里↓休息↓3.5公里

第二週　7公里　2公里↓休息↓2公里↓休息↓3公里

第三週　8公里　2公里↓休息↓2公里↓休息↓4公里
第四週　10公里　2公里↓休息↓2公里↓休息↓2公里↓休息↓4公里

細胞分裂跑一星期練習一次就ＯＫ

細胞分裂跑，基本上一星期一次就ＯＫ。

順利的話，開始後大約一個月，將以極限鼻呼吸的跑步距離拉長為2倍，也是在能力範圍內。

除了每星期一次的要點（強化）練習外，其餘完全自由。想跑步的人可以跑步，不想跑步的人不跑步也ＯＫ。

這樣聽起來或許有點極端，不過在我的路跑隊上，真的是做這樣的指導。練習賽每星期只有一次，除此之外完全自由。儘管如此，還是有很多成員不斷刷新自己的最佳紀錄。

這或許是極端的例子，如同在本書序言提到的，有個成員曾經一個月跑步距離僅有20公里，卻以3小時9分跑完刷新了自己的最佳成績。

現在有所謂的「單月跑步距離」關鍵詞，大多數的業餘跑者，太局限於這樣的單月跑步距離。為了達成諸如「單月跑步距離300公里」等目標，月底的週末出現在雨中跑20公里這樣的「清算結帳」，令人忍不住納悶，這樣的練跑是為了什麼目的而做？

如果那能成為動機的來源，取決於每個人的興趣嗜好，則請便。但是，如果從追求有效率的練習成果這樣的觀點來看，所謂的單月跑步距離，充其量不過是結果，而不是目的。

說得嚴厲一點，比起練習的內容，更重視每個月跑步距離的跑者，不得不說，需要學習的地方還有很多。

很多跑者為了達成每個月的跑步距離，會一味重覆進行長距離慢跑ＬＳＤ（Long Slow Distance）的訓練。

即使是專家，也對ＬＳＤ的看法意見分歧，基本上就是以每公里跑7分以上的緩慢速度，跑完一段長時間（2小時以上），一邊促進血液循環，一邊培養體力。

就像前面提到的，為了拉長距離而減慢速度，有時會出現跑步經濟性變差，跑步效率降低的情形，我把這個現象稱為「ＬＳＤ症候群」。

實際上，建議實施ＬＳＤ的指導者，大多為活塞跑法型。這類型的跑者，即使採用緩慢的ＬＳＤ速度，也能溫和地移動重心，達到訓練效果。但是，除此之外的擺動跑法型和扭轉跑法型，藉由ＬＳＤ獲得的效果應該不大。

做ＬＳＤ訓練本身並非壞事，但是為了拉長距離而做是錯誤的，不是跑得越久，速度就會變快。

實際上，由於對距離迷思的反省，近來警告跑者不要操練過度的傾向反而越來越強烈。

但是如果有人想要為了超越極限而跑，我覺得那就去跑無所謂。跑者之中，無論如何就是喜愛跑步的類型很多，這類型的跑者不跑步就會累積壓力，心情煩躁靜不下來。

只要一邊思考內容一邊練習，想必會像野口水木選手曾說的「跑過的距離，是不會背叛的」那樣。

照理說練習時應該沒有時間聽音樂

練習跑步時，有一件事令人在意。那就是很多跑者會戴著耳機一邊跑步。

一邊聽喜歡的音樂，或是用智慧型手機透過網路收聽廣播，一邊跑步的跑者似乎也不在少數。

無論是每週一次的細胞分裂跑，還是輕鬆練習的慢跑，都希望盡可能不要聽音樂。

因為被音樂或對話的節奏拉走，會打亂跑步的節奏。

或許有人會覺得不需要這麼嚴格，但無論是細胞分裂跑還是輕鬆練習，很多時候必須依據狀況來思考或感覺。如果認真投入練習，即使戴著耳機跑步，照理說應該也聽不到音樂。

反過來說，可以聽得到音樂，證明沒有辦法把注意力集中在跑步上面。跑步時要思考的事很多，根本沒有時間聽音樂或廣播。就是這麼地專注在自己的跑步上。

藉由一邊跑步一邊與自己的身體對話，可以發覺「大腿後側的肌肉還沒使用到」或是「左側的動作比右側來得糟糕」等問題，並且將這樣的問題活用在下一次的細胞分裂跑上。

藉由輕鬆練習察覺到大腿後側的肌肉沒有被使用到，那麼下一次的細胞分裂跑，要如何不使勁地運用大腿後側，就成為隱藏標題（正式標題當然是如何以極限鼻呼吸拉長距離，增加超負荷）。或是如果覺得左側的動作太小，可將這項修正列入隱藏標題中。

就像慢跑這樣的輕鬆練習，也具有促進血液循環，消除疲勞之積極休養的效果。

一邊跑步，一邊傾聽身體裡面發出來的聲音，像是如果感覺到「腰部後側有點緊繃」或是「髖關節變得有點僵硬」這樣不舒服的感覺，就要做一些伸展運動或按摩等，盡早提供身體照護。

這樣可以防範膝蓋或髖關節等傷害發生於未然。

第7章

類型別42.195公里的攻略法

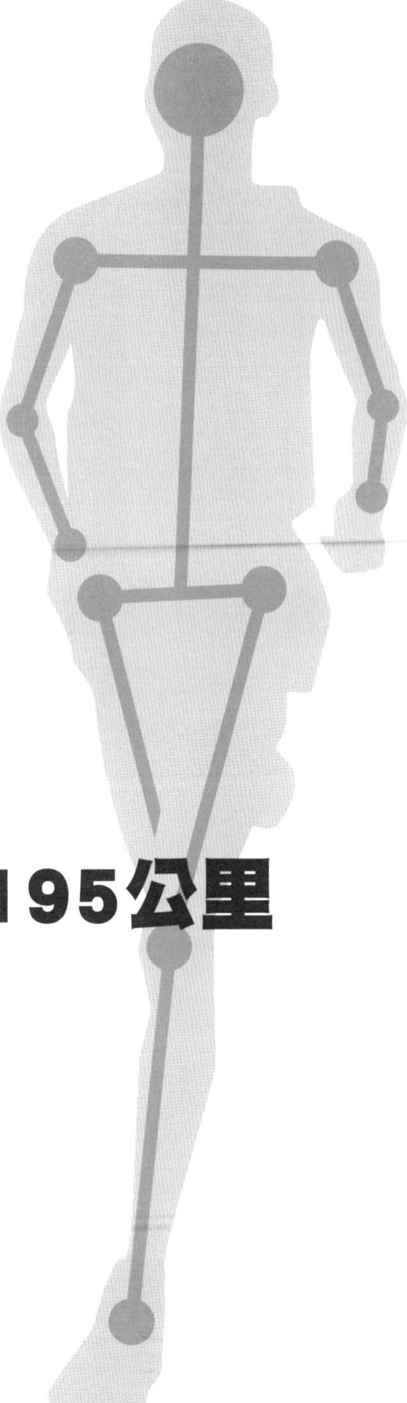

依跑法別調整重點練習

基本上，重點（強化）練習以每週一次的細胞分裂跑就ＯＫ，能夠用細胞分裂跑法跑10公里後，「覺得每週一次不夠」的人，也有加入15～20公里重點練習這樣的方法。可以「週末細胞分裂跑、週中15～20公里跑」，如果是已經具備足夠體能的跑者，也可以在週末的六日連續實施。

15～20公里跑，依據擺動跑法、扭轉跑法、活塞跑法這三種跑步方式做調整，會更有效果。

這個內容不只適合初學者，也適用於以破3為目標的中、高階跑者。對中、高階的跑者來說，15～20公里是毫不費力就能跑完的距離，配合各自的最佳跑速，如以下圖方式安插休息，將能提高練習效果。

◉跑法別之15～20公里跑攻略

擺動跑法　10公里↓休息↓5公里

扭轉跑法　6公里↓休息↓6公里↓休息↓6公里

活塞跑法　10公里↓休息↓10公里

休息時間大約是1到1分30秒。請藉由完全停下腳步的休息，以恢復體力。

擺動跑法是一旦按下開關，就必須不停往前推進的類型。在想著「今天可以跑多遠」時，三兩下就把10公里跑完了。休息過後，再跑個5公里左右。

扭轉跑法是活用瞬間爆發力跑步的類型，所以長距離跑步並不是那麼擅長。因此，將練習拆成6公里×3趟，相對地，每一次跑步都要將注意力放在波浪跑上並且確實練習。

活塞跑法是悠閒且大動作跑步的類型，原本就具有持久力，所以休息可以短一點。安插休息，以10公里×2趟的方式，將20公里分成2段。

將適當距離延長至25公里

能以細胞分裂跑法跑完10公里後，接下來請以自己的最佳跑速，循序漸進地將距離延長至25公里。這個階段，可以像跑完10公里一樣，每跑2公里就安插1至1分30秒的休息，最後一組變成延長距離的模式，也可以依照喜好自由安排。一邊思考，一邊在失敗中不斷摸索，也能促進跑者本身的成長。

那麼，在此為大家介紹費時7週將跑步距離延長至25公里的跑步計劃。

細胞分裂跑和間歇跑兩者之間還有一項決定性的差異。細胞分裂跑將距離細分好幾段，讓自己能跑較長的距離，但不是這樣就結束了，之後還有。就像將延長距

◉10～25公里之細胞分裂跑（起點的適當距離為10公里）

第1週	12公里	2公里 × 4趟	+	最後4公里
第2週	14公里	2公里 × 5趟	+	最後4公里
第3週	16公里	2公里 × 6趟	+	最後4公里
第4週	18公里	2公里 × 7趟	+	最後4公里
第5週	20公里	2公里 × 8趟	+	最後4公里
第6週	22公里	2公里 × 9趟	+	最後4公里
第7週	25公里	2公里 ×10趟	+	最後5公里

離的步驟反過來，以少於之前的休息次數跑完同樣的距離。

分10次休息能跑完25公里後，接著每週減少1、2次休息來練跑。和延長距離時一樣，循序漸進地減少休息。一次要減少幾次休息，視當天狀況臨機應變而調整。

有時可以一次減少2次休息，有時只能減少1次。嚴禁不理會身體狀況，做超過自己能力的事。

10次變成8次，8次變成7次，7次變成5次——我想大約1個半月，就可以不穿插休息，以最佳跑速跑完25公里。

從隸屬於我路跑隊上的業餘跑者來看，若不穿插休息，能跑完的距離達到25公里，以這樣的速度跑完馬拉松的可能性就會非常高。

即使是初次挑戰馬拉松的跑者，若能以極限鼻呼吸跑完25公里，其實就可以認為能以那樣的速度跑完全程馬拉松。

箱根驛傳的一個區間約為20公里。跑的是比那還長的距離，所以可以為此感到驕傲。只不過，後面會再提到，在比賽兩個月前，必須先跑過一次馬拉松的距離。

細胞分裂跑是在超回復※的時機點延長距離，所以能夠將可以說是業餘跑者的職業病，膝蓋或髖關節等的運動傷害風險減到最低。

而且和單純以ＬＳＤ累積跑步距離，只重視量的練習不同，在拉長距離的同時，也要注意不讓品質下降。因此，隨著超負荷原則，確實能提高跑步的能力。

※「超回復」：肌耐力訓練引起肌肉疲勞與痠痛後，休息一至兩天，讓肌肉逐漸回復甚至超越原本的水平。此回復現象即稱「超回復」。

每次馬拉松季結束都要重新計算

細胞分裂跑會將週期化（Periodization）納入考量也是其特徵之一。

所謂的週期化，是指為了以最佳競技狀態參加正式比賽，會將一整年的訓練分成幾個週期，做有系統的安排。

具體來說，以一年為基準分成3～4個月，接著分成1個月（4周），再細分成1周的單位週期，制定練習計劃。

一般會將馬拉松季結束的春天做為劃分的起點，瞄準下次到來，從秋天到隔天春天的馬拉松季。

週期化基本概念為，每次馬拉松季結束的春天，就要把身心重新做調整。

從春天到夏天這段期間，一邊增加過度使用的身體休息機會，一邊從基礎開始打起。以下一次的馬拉松目標，按照每週的細胞分裂跑狀況，用最佳跑速漸漸拉長跑步距離。

不努力過頭，循序漸進地延長距離是很重要。

即使是炎熱潮濕，不容易進行跑步的夏季，只要在細胞分裂跑之間，增加休息的次數，就能達到高品質的訓練。

在暑熱逐漸緩和的夏末，漸漸減至以4周為單位的休息，一旦延長了跑步距離，就要為秋天開始的馬拉松季開幕做準備。

比賽兩個月前嘗試跑一次全馬的距離

能夠不休息地跑完25公里後，此時的狀態等於奠下以極限鼻呼吸跑完全程馬拉松的基礎。我把這個狀態稱為「基地營（Base Camp）」。

面對聖母峰這般高山，不能做出突然從山麓攻頂這樣有勇無謀的舉動。而是為最後的攻頂設立基地營，以攀上山頂為目標。

聖母峰在標高5300公尺的地方有個大型的基地營，作用似乎是提供登山者適應高地氣壓，等待登頂的最佳氣候，這樣的據點在馬拉松就相當於25公里。

攀登聖母峰，從基地營經由幾個前進營，目標登上8848公尺的山頂為通例；**跑馬拉松，從25公里的基地營，一口氣攻克42·195公里的山頂沒問題。**

能以極限鼻呼吸跑完25公里，代表距離42·195公里大約還有17公里。因此，跑完25公里後，可以穿插休息跑完之後的17公里，請務必試試看。

一開始有人休息兩次跑完，也有人需要休息三次。中間穿插幾次休息都可以，總之請以極限鼻呼吸的最佳跑速，體驗一次42·195公里的全程馬拉松距離。

雖然有的指導者主張「練跑的距離到30公里就足夠」，不過我認為最好事先練習跑一次全程馬拉松的距離。尤其在精神層面的充裕，會變得不一樣。運動重視心技體（心理、技術、體能），馬拉松「心」的部分，也對運動表現帶來非常大的影響。

即使中途休息多次，只要跑完42．195公里的長距離，身體到處都會累積相當程度的損傷。損傷停留在身體的天數，因每個人對馬拉松的經驗值、身體的素質、生活方式等而異。

不過概略來說，請抱著從跑完42．195公里到超回復發生，需要等待一個月以上的覺悟。

因此，以細胞分裂跑將25公里整合為一趟的最佳時機點，就是比賽前兩個月。接著在比賽一個月前，即使練習過程中穿插休息，一旦事先體驗過42．195公里的路跑，就能使超回復順利發生，在正式比賽時，充分發揮練習的成果。

比賽前不需要減量訓練

從正式比賽前一個月，開始做減少訓練量的「減量訓練（Tapering）」調整，已經成為一項的慣例。所謂的減量訓練（Tapering），英文就是「逐步遞減」的意思。

馬拉松的表現，可以用「跑力－疲勞」的簡單減法來表示。這是因為針對正式比賽而不斷練跑，身體會不斷累積疲勞，而有減少練習量消除疲勞，運動表現便會提升的想法。

不過，若是進行細胞分裂跑，比賽前則不需要減量訓練。因為身體並不會累積疲勞。

細胞分裂跑不會累積疲勞，還可以藉由超回復的反覆發生提高練習的品質，提升運動表現。因為每一次疲勞都會消失，所以不進行以消除疲勞為目的的減量訓練也無所謂。

細胞分裂跑可以完成「在週末整合長距離跑步」的循環。所謂細胞分裂跑的循環，就是對肌肉造成刺激後，給予一星期時間發生超回復，接著再以跑步能力優於上星期的狀態進行下一次的練習，所以比賽前一個星期的練習，按照平常的方式進行才是正確的作法。如此一來，就可以在發生超回復的狀態下，面對正式比賽的挑戰。

藉由「右腳著地呼吸」提升跑步能力

在本章的最後，我要介紹大家一項有助於以極限鼻呼吸跑步的技巧。那就是「右腳著地呼吸」。

右腳著地時吸氣，較容易調整長距離跑步所需的呼吸節奏。

每個人都有屬於自己的呼吸節奏，譬如說，吐、吐、吐、吸、吐、吐、吐、吸。讓「吸」配合右腳著地的時機。

呼吸變得困難後，以吐、吐、吸、吐、吐、吸的「吸」右腳著地，呼吸變得更困難時，就改以吐、吸、吐、吸的「吸」右腳著地這樣的節奏。

在右腳著地時「吸」，基本上就決定了左腳是支持重量的「支撐腳」，右腳是產生推進力的「推蹬腳」。

一般人不會意識到這點，不過我想全人類應該都是這樣。舉凡田徑場的跑道、競速溜冰的場地、相撲的進場儀式……等。只要是呈反（逆時針）方向轉的，就符合左腳為支撐腳，右腳為推蹬腳的特性。

解決身體左右偏斜的問題

左腳是支撐腳，右腳是推蹬腳——反過來說，則具有左腳推進力、右腳支撐力不足的傾向，長久下來會導致左右兩側的骨骼或肌力不平衡。

以右腳著地吸氣時，橫隔膜和肋間肌這類與呼吸相關的肌肉就會運作。肌肉藉由動作鏈產生連動，結果背肌伸展，大腿後側的膕繩肌也會伸展。這樣一來，右腳的支撐力就能被強化。

右腳的支撐力一旦強化，由於左腳能更自由的活動，也就可以發揮更好的推進力。**藉由右腳著地呼吸，可以使「左右腳支撐體重的支撐力」以及「推動身體往前的推進力」得到平衡，跑步自然獲得改善。**

右腳成為支撐腳，是因為人體構造原本就是左右不對稱，發展成身體的右側比較容易活動。

我來舉例說明一下吧。

控制身體活動的是大腦。從大腦延伸下來的「脊髓」，所分佈出去的「運動神經」和「感覺神經」佈滿全身。大腦和脊髓以從感覺神經傳來的資訊為基礎，透過運動神經使肌肉收縮。

基本上跑步也是被這個機制所控制。**但是，在大腦的感覺左右腦各異。加上經由在脊髓「交叉」，使右腳作為推蹬腳優先作用。**

再進一步細看，構成我們人體骨頭「骨纖維質」的角度也有左右差，使得右半身較容易推蹬。無論是神經水準還是骨骼水準，都是右半身佔優勢，卻無法完全彌補這樣的偏斜。

但是，一旦這樣的左右差加大，就可能妨礙到順暢的跑動。因此，留意右腳著地呼吸，是有效減少左右偏斜的方法。請試一次看看。

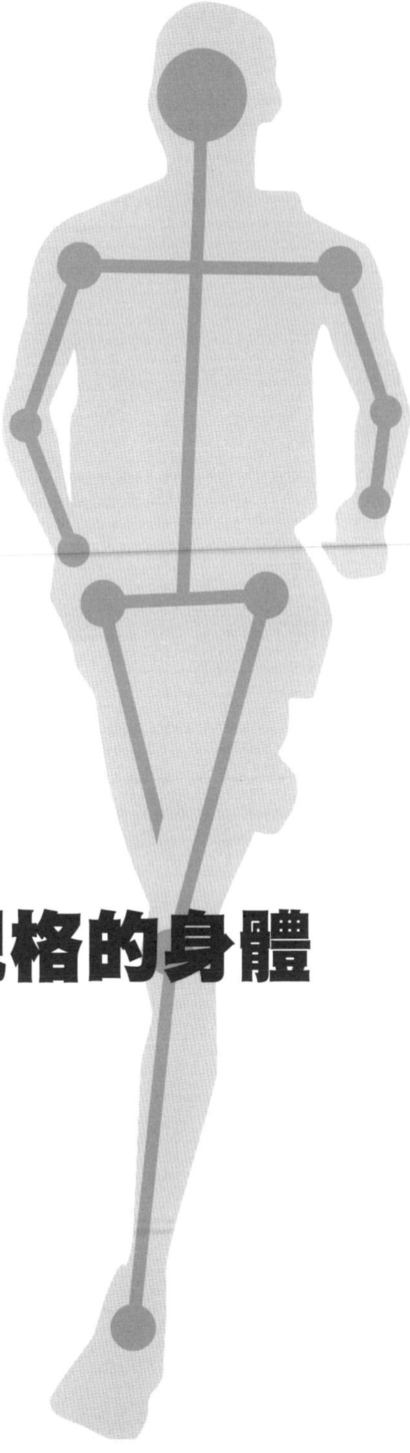

第8章 打造比賽規格的身體

練習時，是否會有意識地設想正式比賽的情況？

有一種在練習時明明狀況很好，正式比賽時結果卻不如預期……被揶揄為「練習班長」的跑者。

用簡單一句話來說，就是不善於正式比賽的跑者。練習賽贏得勝利的跑者，正式比賽時間卻輸了……有這樣悔恨經驗的人，應該要重新檢視平常的練習。

雖然氣喘吁吁地用盡全力，但不一定就是好的練習。那樣的練習或許只是單純的自我滿足。想要留下戰績的練習，有所謂的適當強度，那並不是要你用盡全力。

話說回來，大家都是在什麼時間進行練習呢？

在日本大部分的馬拉松比賽，開跑時間為星期日上午九點。有多少跑者，是意識到這一點來進行練習的呢？

雖說細胞分裂跑可以留在週末進行，但如果可以的話，應該安排在星期日的中午前進行。同樣是中午前，假如在星期六進行了細胞分裂跑，即使前後只相差一天，也會對運動表現造成很大的差別。

星期天的細胞分裂跑，以上午九點準時開始為理想。是否能藉由每一次的練習有意識地留意正式比賽，將造成相當大的差異。

像馬拉松練習一樣，需要一整段時間的時候，姑且不論週末，平日都會限定在早上或晚間。平日需要上班，如果要和週末一樣，準時在上午九點做輕鬆跑或15～20公里的重點（強化）練習或許有點難度，不過比起在工作結束的夜間，於上班前的早晨進行練習更佳。

晨間練習比夜間練習更能提升運動表現

對於早上爬不起來的上班族，應該會想避開晨間練習，選在工作結束後進行練習吧。就連跑者俱樂部平日舉行的練習賽，也大多在夜間。

看到工作了一天明明已經很疲累，接下來還要換衣服練習的模樣，著實令人佩服。不過，若是身體一旦習慣夜間的練習，可能無法充分引出潛在的能力。

因為「自律神經」的運作方式，白天與晚上截然不同。

所謂的自律神經，簡單來說就是調節我們身體機能的系統。自律神經分為「交感神經」和「副交感神經兩種」系統，兩者的作用通常是相反的。

交感神經負責使血壓上升、體溫增高，調節活動旺盛的體內環境。相反地，副交感神經使血壓、體溫下降，調整成適合休息的體內環境。

活動旺盛的白天，主要是交感神經占優勢的模式，傍晚以後則以副交感神經為主，調整身體為睡眠做好準備。

在應該休息的副交感神經占優勢的夜間進行練習，由於身體不是原本的活動狀

態，有時無法好好發揮原有的潛力。

早上剛起床時，雖然副交感神經還是略佔上風，但只要做完第5章介紹的暖身操再出門跑步，過不久就會變成交感神經居優勢，就能達到充分發揮潛力的高品質練習。

使勁跑的人可藉由「快走」來重新調整

上下動作大、使勁、踩煞車等跑步方式「不輕鬆」的跑者，可以試著藉由「快步走」來重新調整。

跑步資歷久了，或許不容易接受「現在才來快步走」的想法。但是，競技跑者都會從走路來檢視跑步，或是作為運動傷害時復健的手段。

即便要以快走重新調整，單單只是急著快走，會不自覺的用力，無法與理想的跑步產生連結。將注意力擺在放鬆多餘的力量，使腿部順暢轉動上很重要。

就盡量減少能量耗損、使身體前進之骨骼運動這一點，無論是快走還是跑步都一樣。不論哪一種，想勉強快速前進，腿部的旋轉運動就會被打亂，進而增加多餘的負擔，或是身體失去平衡，導致全身的連鎖反應惡化。

想知道對應各種能力的最佳跑速，從快走重新建立跑步習慣，也是有效手段。用快走順暢前進的速度，會直接與跑步的最佳跑速產生連結。

使快走發展成理想跑步的方法

藉由快步走重新調整時，請留意步幅要縮短為平常走路的1／2，步頻要增加為平常走路的2倍來走路。

要走得快，容易加大步幅，但為了走得快，提高步頻是首要條件。一旦提高步頻，加速腿部的旋轉速度，藉由從中產生的旋轉運動，步幅自然就會變大。

膝蓋的使用方式也有重點。一旦將膝蓋伸直推出，著地衝擊變大，便會不自覺地踩煞車。不是用這種方式，而是溫柔地使用膝蓋，邊吸收著地衝擊邊邁步，腿部的旋轉運動就會變得順暢，步頻也會提高。這樣一來，踩煞車的情形自然也會消失不見。

關於快走，請實踐第3章介紹的骨骼別的三種腳步、男女別的腳尖方向以及手臂的轉動方式。

遵守這些姿勢，首先試著以快走練習，直到可以走15分鐘。換算成距離大約是1．5公里。

做到之後，接下來學習如何支撐身體，確實壓過地面加速的感覺。

大多成績停滯不前的跑者，因為在著地時出力，所以容易在產生推進力時踩煞車。但其實不該這樣，而是要學會讓「放在」地面上的腳承載體重後，再壓過地面的這種感覺。

一邊將注意力放在壓過地面的感覺一邊持續快走的話，用來跑步的肌肉，就會被重新再教育，漸漸培養出推動力。

手臂、軀幹、腳順暢地連動，漸漸不會妨礙到腿部的旋轉運動後，將進化成更有效率的快走。以這時的最佳跑步為基礎移至跑步時，就可以順暢地跑步。

移至跑步後，同樣以快走15分鐘左右作為練習前的暖身運動時，由於每次都可以重新調整正確的身體使用方法，想必訓練內容也會更到位。

日常飲食也要有意識地留意在正式比賽時的能量運用

隨著正式比賽日的逐漸接近，多數跑者腦袋中會自動浮現「肝醣超補法（Carbohydrate Loading）」。

所謂肝醣，是一種「醣類」，所謂的肝醣超補法，就是增加體內醣類儲存量的補充法。醣類會以肝醣的形式儲存在體內，所以也稱為肝醣超載法（glycogen supercompensation）。

醣類在米飯、麵包、義大利麵的主食內含量豐富。有人會在比賽前，大量攝取麵條來進行肝醣超補法。馬拉松的補給站，有時會在比賽前一天晚上，為了進行肝醣超補法而舉辦「義大利麵派對」。

肝醣超補法不要只在比賽前才嘗試，從日常練習中就開始嘗試是很重要的。

如果星期日預計做細胞分裂跑，星期六就可以進行肝醣超補法。攝取比平常更多含有糖類的米飯、麵包、義大利麵等。只要好好攝取作為跑步能量來源的糖類，就可以避免體力不支的情形發生，達到高品質的訓練。

攝取的糖類，會在細胞分裂跑時完全消耗掉。在那樣的「糖類飢餓狀態」訓練後，再補充糖類，可以增加體內糖類的儲存量。

典型的肝醣超補法，是在幾天內減少糖類的攝取，提高肝醣合成酵素的活性，然後再花幾天的時間增加糖類的攝取量，以增加體內肝醣的儲存量。

其實可以不用這麼麻煩，只要藉由細胞分裂法將體內的肝醣幾乎耗盡，再攝取糖類，就可以像典型的肝醣超補法一樣，增加體內糖類的儲備。

像這樣在飲食層面上，從平常時就有意識地留意在正式比賽時的能量運用，並加以嘗試，既可以確認各種食材及菜單的契合性，也可以找到準確性更高的「決勝食物」。

有的跑者補充米飯及餅乾可以跑得更快，也有跑者補充麵條較能發揮實力。也有像我一樣，蒿苣三明治契合身體需要的例子。

我推薦路跑隊的成員吃「火鍋」。由於馬拉松正值秋冬寒冷時期，適合可以溫暖身體的菜單。

尤其是像石狩鍋及米棒鍋這種在寒冷地方吃的火鍋，具有溫暖身體的力量。

火鍋的話，可從肉類、魚類、豆腐以及雞蛋等攝取到蛋白質，又可以從蔬菜攝取到維生素，營養非常均衡。最後只要在鍋中加入白飯或米棒做為結束，就成為肝醣超補法。

像這樣平常不斷地從錯誤中摸索，掌握契合身體需要的飲食，在比賽前一天或比賽當天照那樣進食，調整成運動表現如預期發揮的體內環境吧。

〈類型別〉決勝食物

符合各自骨骼的三種跑法，有各自適合的決勝食物。根據跑步法，身體的使用方式、能量的消化吸收模式也不同。

首先，就來介紹那些決勝食物吧。

◉不同跑法的決勝食物　〈希望積極攝取的營養素〉

擺動跑法　～　烤魚定食・豬排丼飯　蛋白質・糖類

扭轉跑法　～　生魚片定食・海鮮丼飯　礦物質

活塞跑法　～　燉魚定食・親子丼飯　糖類

我將容易均衡攝取到各種營養素的丼飯和定食作為代表例子。

擺動跑法型，比起其他跑法，具有將力量加諸在每個動作上的傾向（絕對不是使命用力）。光是那樣對肌肉的負荷就會變大，所以構成肌肉的蛋白質消耗速度會變快。為了補充蛋白質，必須有意識地從肉類、魚介類、大豆・大豆食品、牛奶・乳製品等來攝取。

另外，儲存於肌肉的肝醣也會被消耗，所以練習結束後，要多補充糖類。

因此推薦擺動跑法型，選擇能夠從烤魚定食或豬排丼飯這樣的主菜，攝取到優質蛋白質、從白飯充分攝取到糖類的菜單。由於能量燃燒得很快，事先補充烤魚定食或豬排丼飯這樣耐餓性佳的菜單，可以緩慢且持久地燃燒能量，有效率地保持體力。

扭轉跑法型，以更敏捷地使用肌肉為特性。要持續這種肌肉運用的方式，鈣和鉀為不可缺少的營養素。鈣在將運動神經的指令傳至肌肉並使其運作時不可欠缺，鉀則是協助運動神經訊息的傳達，改善肌肉的運作。

鈣和鉀是日本人容易攝取不足的營養素，而且是體內無法自行製造的必需營養素，所以必須有意識地從每天飲食中攝取。

在每隔五年修改一次的《日本人的飲食攝取標準（2015年版）》中，成人男性建議每日鈣平均攝取量為650～800毫克，成年女性為650毫克，但實際上男女只攝取500毫克。另一方面，成人男性建議每日鉀平均攝取量為

2500毫克，成年女性為2000毫克，相對於女性普遍達到標準，男性的平均攝取量則在標準值以下。

業餘跑者中，也有人因為擔心吃壞肚子而對生魚片等生食抱著敬而遠之的態度，但生食所含的營養素較不會遭到破壞，可以完整攝取。

尤其生魚片是低脂肪、低卡路里、高蛋白質，且富含肌肉所需礦物質的食物。蔬菜中含有大量的鈣和鉀，所以我推薦扭轉跑法型攝取生魚片定食及海鮮丼飯。

我本身為扭轉跑法型，決勝食物就像前面提過的萵苣三明治。由於可以從萵苣中攝取到鉀等礦物質、火腿及起司中攝取到蛋白質和鈣質等礦物質，所以像是比賽當天早上，萵苣三明治就成為我必備的決勝食物。

至於活塞跑法型，我推薦像燉煮魚這種以慢火長時間燉煮的菜單。因為是以緩慢速度大動作跑動的類型，所以可以藉由丼飯或定食等食物慢慢補充能量。作為必需營養素的糖類，就從丼飯或定食中的白飯來攝取。

活塞跑法型，也要對比賽前的飲食方法加以把關。這類型的消化吸收速度緩慢，但若因為考慮到這一點，提早吃完早餐，有時體力反而無法支撐到最後。即使是吃過早餐後，到起跑前的這段時間，還是可以選擇餅乾等比較耐餓的食物，少量補充以作為能量來源的糖類。

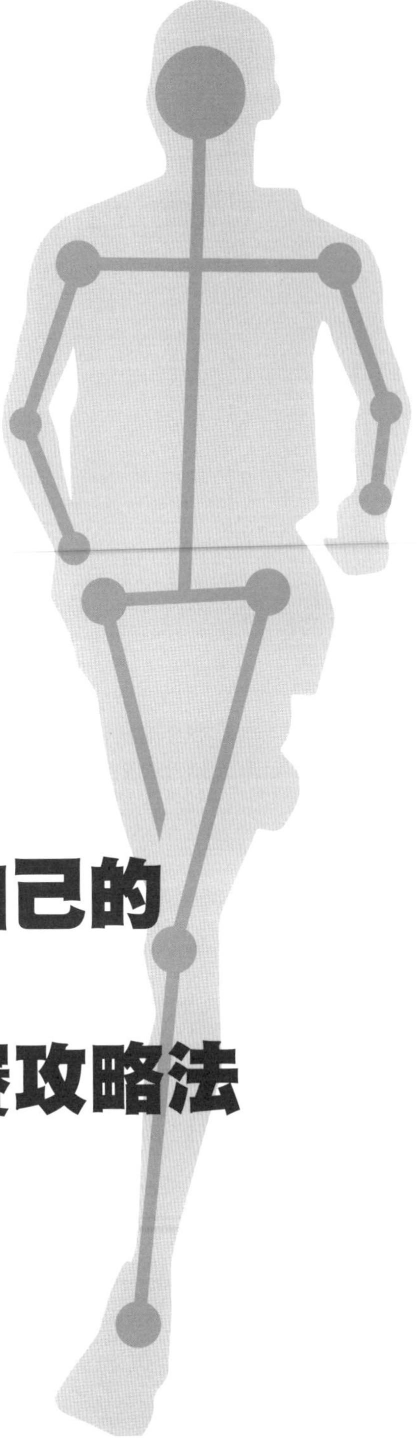

第9章

必定達成自己的最佳紀錄！類型別比賽攻略法

小腿肚的肌肉頂點在哪裡？

在這一章，終於要介紹大家，在正式比賽將練習成果發揮到最大程度的方法。如果是資深跑者的話，應該聽過「比賽前最好加強一些腿部的重量訓練」這個公認的說法。

以我的看法來解釋，就變成「肌肉過度放鬆是不好的，保留一點彈性，較能提升運動表現」。

肌肉的狀態時時刻刻都在改變。我把這個現象稱為「柔化肌肉」，肌肉太過放鬆，會逐漸接近日常生活的使用狀態。

跑步本來應該是從身體軸心向四肢發力的運動。但是，肌肉一旦鬆弛，發力部位就要切換成身體末肢與地面的接點，也就是轉換成從腳部使肌肉運作的發力模式。那樣的話會使動作變得遲鈍，所以為了消除疲勞，比賽前過度休息反而會造成反效果。

比賽前，肌肉保持一些彈性為最佳狀態。

那麼，該如何判斷呢？重點在於小腿上的小腿三頭肌。

請敏銳地觀察「小腿肚的頂點在哪裡？」這樣微妙的感覺。

為了消除疲勞而休息過頭，會使得小腿肚的肌肉鬆弛，頂點下降。**小腿肚的頂點應該要維持**

確認小腿肚的頂點

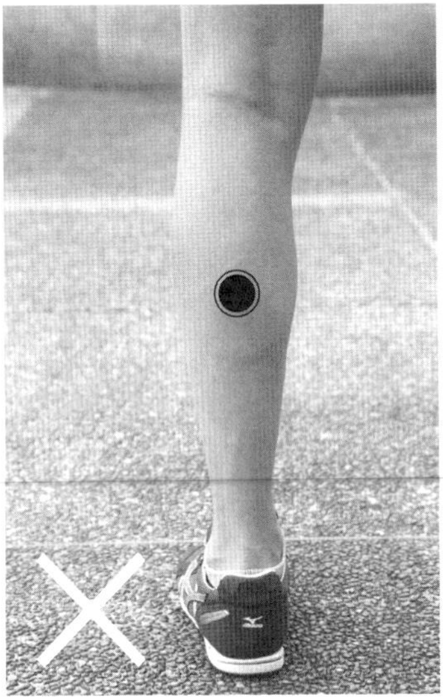

頂點往下掉

頂點位在高點

在高點，才是剛好的狀態。

可以從平常就開始注意小腿肚的頂點位在哪裡，提高賽前狀態的精確度。

〈類型別〉比賽前增強刺激的方法

更深入一點思考，賽前的腿部鍛鍊，根據適合骨骼的三種跑法，在調整方式上也有微妙的差異。

希望多休息的是擺動跑法型、最好加入少量刺激的是扭轉跑法型、希望增加略強刺激的是活塞跑法型。

這個由來是根據構成肌肉的「肌纖維」的質地。

肌纖維分成具優秀持久力的「遲肌纖維」與爆發力較佳的「速肌纖維」。慢肌纖維呈紅色，所以又稱為「紅肌」，快肌纖維呈白色，所以又稱為「白肌」。

魚類也是如此，作長距離洄游的鮪魚紅肉（紅肌）發達，發揮爆發力捕食或是在危險時逃跑的扁口魚及鰈魚則白肉（白肌）發達。

人類的肌肉是由慢肌與快肌混合而成不同的肌肉組成，而各類型所占的比例由遺傳決定，無法經後天改變。而肌肉的素質也跟三種跑法有關係。

這當然有個人差異，基本上擺動跑法型具有體內的快肌比例占多數、扭轉跑法型慢肌和快肌幾乎各占一半、活塞跑法型則是慢肌比例占多數的傾向。

快肌雖然具有爆發力，卻有著要比慢肌花費更多時間恢復疲勞的傾向。就算如此，快肌占大多數的擺動跑法型，比賽前不可以讓肌肉完全放鬆，換句話說，要在小腿肚頂點不下降的範圍內，盡量休息使肌肉恢復疲勞為重點。

與快肌呈對比的慢肌，是不容易疲勞的肌肉。為了使足腰的肌肉保留適當彈性，有慢肌占多數傾向的活塞跑法，即使增加強一點的刺激也沒關係。慢肌幾乎占半數的扭轉跑法，加入某種程度的刺激也沒問題。

就像前面提過的，只要進行細胞分裂跑，基本上不需要做減量訓練。除此之外，扭轉跑法型可在比賽前兩天，以競賽速度實施1公里跑，活塞跑法在比賽前兩天，以競賽速度實施2公里跑，以增加刺激。擺動跑法型則不需要特別做什麼。

〈類型別〉比賽時的佔位

根據三種類型別，正式比賽時，發揮最大潛能的佔位也不一樣。平常透過跑步俱樂部等進行群跑練習時，也可以運用佔位技巧來提高練習效果。

擺動跑法是以轉動小車輪的方式在跑步。屬於可以瞬間且靈敏地左右移動的類型，所以擅長進入群跑來對比賽進行微調。

跑得越快的跑者，空氣阻力就越大，所以擺動跑法跟在群體或是其他跑者後面，可減低空氣阻力，保存體力。如果用汽車作比喻，這種類型就好比輪胎小、保持低速檔的汽車，所以對加速也很在行。可以採取在比賽尾聲時看好時機，以壓倒性的加速，刷新自己最佳紀錄的作戰方式。

這項作戰被稱為「彈射氣流（Slip Stream）」，在賽車上被稱為「彈弓效應（Drafting）」的技巧。

扭轉跑法容易變成以前足部著地的前腳掌著地，一旦有人跑在前面，動作就會變小，踩煞車損失推進力。倒不如有人跟在後面，保持緊張感，湧起不斷前進的欲望。扭轉跑法型的跑者，可以說是適合當比賽速度的創造者。

擺動跑法如果要嘗試彈射氣流，選擇扭轉跑法的跑者當帶頭跑的角色，對雙方都有好處。跑在前面的扭轉跑法，雖然風阻也會變大，但由於是扭轉上半身跑步，所以具有能夠抑制風從正面帶來影響的跑法的特性。

活塞跑法以腿長，大幅悠閒擺動雙腿為特徵。如果用汽車作比喻，這種類型就像輪胎大，保持高速檔的汽車，具有不擅長區分快慢之差的傾向。

由於不善於升降速度，取自己的距離繼續跑，才能發揮最佳表現。

一旦進入群跑，無論如何都要具備細部調配速度快慢的能力。那樣的話，活塞跑法會因為緊張而不好移動腳步，在有些距離、不會被群體的動向影響的地方，單獨跑步比較符合個性。

〈類型別〉比賽配速

直到目前為止的跑步指導法中所提的「均速」、階段式提升速度的「漸進加速（Build-up）」或者是後半部的速度比前半部來得快的「後段加速（Negative Split）」，都被視為刷新個人最佳紀錄的正攻法。

這麼做的確有一定的道理，但根據跑法不同，有分成適合與不適合。

適合漸進加速或後段加速的是擺動跑法型。如前面提過的，因為擅長加速，可以引導後半部的勝利。

活塞跑法型，擅長以大動作維持一定的速度，適合從起跑到終點都保持均速。

也就是說，傳統的指導法，較適合擺動跑法型和活塞跑法型。

但是，在日本跑者中比例占四成左右的扭轉跑者型，並不適合維持均速。

扭轉跑法將身體向前推進的力度強勁，所以可以在下坡路段奔馳而下，上坡卻像撞壁一樣降下速度。任何路線一定有上坡和下坡，扭轉跑法不維持均速，會有快慢變化。

扭轉跑法出現變化是很自然的事，但假如為了維持均速而加以矯正，只會使得實力無法獲得發揮，落得比賽失敗收場。

比賽前・比賽中的跑步法類別要點

扭轉跑法，尤其契合於本書介紹的波浪跑。

請根據路線及身體狀態的變化，隨心所欲地上下調整速度，發揮出最佳表現。

駒大時代的轉機

身為扭轉跑法型的我，有段象徵性的回憶。

那是在我隸屬於駒澤大學田徑部時所發生的事。由於身邊滿是素質優秀的選手，所以練習時我一直在後面跑。

因為我的骨骼是扭轉跑法型，上坡時即使離群體有段距離，一到下坡就會接近其他人的身後。

雖然想著「好想跑得更前面哪」，仍自我克制地繼續跑著，一旦下坡路段結束，與其他跑者的距離便逐漸拉開……。因為重覆發生這樣的情形，有一次學長便建議我「下坡如果速度變快，就試著跑到前面吧！」，於是我聽從學長的建議跑到前面，結果跑出前所未有的好成績。

總而言之，請不要認為均速或後段加速是絕對的，應該重視配合跑法的速度分配以及比賽的展開。

第10章

有助提升馬拉松的表現！私藏補給法

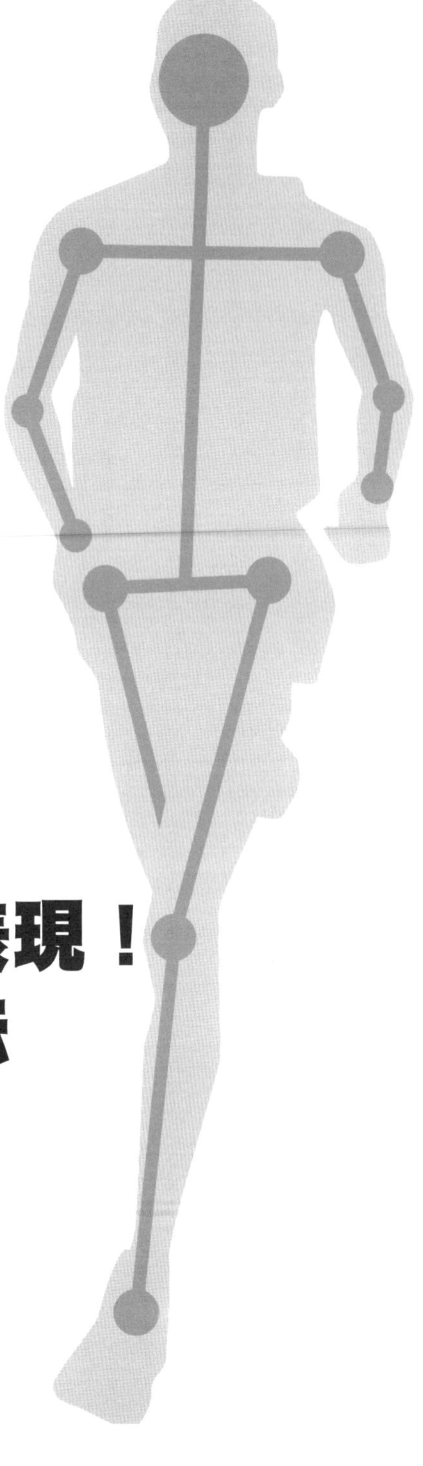

果凍狀的能量補給品是否有效？

馬拉松比賽時，大多數的跑者為了防止在比賽中耗盡能量，會在跑褲的口袋或腰包中放入果凍狀的能量補給品。

雖然補給品含有容易吸收、作為跑步能量來源的糖類，我卻對於藉由果凍型態的能量補充抱持懷疑的態度。

跑步過程中，血液會流向扮演運動之主角的肌肉。安靜時，心臟輸出的血液，有20～25％會供應到腸胃及肝臟等消化器官系統，進行馬拉松這樣激烈運動時，肌肉和皮膚的血管會擴張，80～85％的血液會集中在肌肉和皮膚。

比賽中，流經消化器官系統的血液，將大幅減至只剩整體的3～5％。

若想要將從補給品攝取到的能量或營養素在體內吸收利用，需要消化器官系統正常運作。但是實際上，比賽中血液幾乎未流向消化器官系統。

在這種狀況下攝取到的能量或營養素，根本無法保證會在體內被充分吸收利用。

有跑者在感覺快沒油時，只要攝取有甜味的果凍，就能恢復精神，繼續努力。我認為那是因為透過味覺感受到甜味的大腦，為「有新的能源進來了！」感到開心的結果。

在攝取的能源被消化吸收前，大約需要2個小時。因此，由於大腦很快了解到「原來是空歡喜……」，過不久身體應該就會變得沉重。

在2007年柏林馬拉松比賽，海爾加布雷塞拉西（Haile Gebrselassie）選手（衣索匹亞），創下當時男子馬拉松世界紀錄（2小時4分26秒）時，似乎在比賽中攝取了5個果凍類的能量補給品。

但是，加布雷塞拉西選手是在體內能量耗盡前抵達終點。如果對能量補給抱持期待，從抵達終點的時間推算回去，應該在2小時前就要事先攝取。

補給品以沙丁魚乾和鮭魚乾為最佳

那麼，是說比賽中什麼都不攝取嗎？那倒也不是。

和專業跑者不同，大多數的業餘跑者，必須花2小時以上的時間抵達終點，所以從抵達終點的時間推算回去，最好從前半段就事先補充。

我推薦將果凍類的能量補給品，換成沙丁魚、鮭魚乾、牛肉乾等適合下酒的「小菜系」固體補給品。

這一類的「小菜系」食品在日本全國各地便利商店等地方都很容易買到，和果凍類相比，還具有體積小、輕便的優點。

最強補給品為「小菜系」

這些補充品在前半段及覺得「開始沒力了」的時候吃。不需要規定自己每跑10公里就要固定進食等限制。

沙丁魚乾、鮭魚乾、牛肉乾等小菜系食品，適合作為比賽中補給品的理由有兩個。

一個是不管哪一種都是固體形狀，需要仔細「咀嚼」才能吞下。和瞬間就能吞下肚的果凍相比，或許覺得不太適合作為比賽中的補給品，但是咀嚼這個行為，會為比賽中的跑者帶來劇烈的效果。

咀嚼時，下巴部位名為「咬肌」的肌肉就會跟著作用，透過神經傳遞刺激大腦。那樣會為因血液及能量不足，造成疲勞的大腦提振士氣，甚至能夠改善身體的動作。

獅子等的野生肉食動物，吃飽時，會像假日躺在電視機前的現代人一樣，呈現放鬆的狀態，但是在飢餓狀況下欣賞被補的獵物時，眼睛會閃閃發亮。

追根究底，人類是從野生動物進化而來，所以可以感受到藉由空腹時的咀嚼，喚醒野生本能，恢復精力的一面。

咀嚼也可以促進唾液的分泌。唾液中含有名為「澱粉酶」的消化酵素，可經由咀嚼提高吃進體內的能量及營養素的吸收率。未經咀嚼便吞進肚子裡的果凍類能量補給品，則無法透過咀嚼得到這樣的效果。

由於小菜系食品是固體物，停留在胃裡的時間較長，會被小量地送進小腸，緩慢進行消化吸收，因此具有能量補充效果容易持續的優點。

就這一點，由於果凍類食品接近液體，停留在胃裡的時間短，有可能因為突然進入小腸而引起腹瀉。

特地攝取可能引起口渴之固體物的好處

另一項好處，就是可以攝取到小菜系食品中所含的鹽分等礦物質。尤其是藉由鈉的攝取，可以預防「中暑」或「低鈉血症」。

運動時體溫會上升，身體為了降低體溫會大量流汗。但是，假如未能及時補充流汗所流失的水分，身體流失超過一定的水分便會停止流汗。這麼一來，身體便無法充分降溫，當體溫異常上升，全身將陷入功能不全的症狀。這就是中暑的原理。

嚴重的中暑恐怕危及生命，實際上也有發生過某一年死亡人數超過一千人的例子。再則，中暑在比賽季的冬天也有可能發生。

只要是跑者，應該都知道中暑的可怕，無論是平時的練習還是比賽中，都要頻繁地補充水分。只不過，攝取過量的水分，卻又容易招來低鈉血症。

喝入過量的水分，會讓濃度應該保持在一定範圍內、體內的鈉濃度容易低下，使細胞陷入如水腫般的狀態。這是因為運動中，腎臟會分泌令身體容易儲存水分的荷爾蒙，若是短時間大量攝取水分，鈉離子的濃度就容易被稀釋掉。

一旦造成低鈉血症，會引起倦怠感及嘔吐症狀，嚴重時甚至有失去意識或死亡的例子。在2002年的波士頓馬拉松，對464名完跑者進行的調查研究中，有13%的人被判斷患有低鈉血症，0.6%的人症狀嚴重。

雖然無法單純做比較，假如將這份資料換成有3萬6000人參加的東京馬拉松，將可換算成有將近4700人發生低鈉血症，當中有2000人是重症。

小菜系的攜帶性食物雖然鈉含量多而容易引起口渴，但比賽每5公里便設有一處水分補給站，所以沒問題。

雖然也有含鈉等礦物質、提高吸收率的運動飲料，不過猛然喝得太多，可能導致不能被完全吸收，水分便積留在體內，造成大腹便便。即使一次大量攝取水分，因血流量不足而功能不良的消化器官多半無法及時吸收。

礦物質的補充，也可以預防比賽中發生「熱痙攣」。肌肉痙攣除了肌肉疲勞或緊張，也會在身體缺乏鈉、鎂、鈣等礦物質的情形底下發生。

我路跑隊上的許多成員，以小菜補給品參加比賽，過程都很成功。

就像日常飲食一樣，每個人比賽中適合的補給品都不盡相同。和前面介紹的決勝食一樣，不要等到正式比賽時才來試，最好練習時就試試看，事先掌握與自己的契合度。

比賽後的營養補充可提早消除疲勞

比賽當天的早餐，基本上和平常一樣就ＯＫ。我個人是會吃決勝食的三明治。平常習慣吃白飯、日式煎蛋及味噌湯的人，可以就照這樣來吃；習慣吃麵包、日式煎蛋和火腿的人，也可以照那樣就好。

基本上會在比賽前五小時起床，前三小時吃早餐。然後在比賽前一小時，以餅乾或飯糰等食物作為「補充食物」，在比賽前確實補充糖類。賽中以小菜系的補給品補充礦物質，接著在給水站補充水分，賽後的飲食也要多加留意。

喜歡喝酒的人，舉杯慶祝無傷大雅，但是要稍微注意一下營養的補充。

很多跑者會藉由賽後按摩等方式來照料肌肉，但同時也別忘了賽後的營養補充。比賽結束後的身體，糖類供應來源的肝醣枯竭，這是受到損傷的肌肉，不停分解肌肉蛋白質所造成。

同時維生素及礦物質的必需營養素也被消耗，呈現不足的狀態。假如不立即補充這些營養素，則需要較多時間才能消除疲勞，可能還會弄壞身體。

不只限於比賽，在激烈運動結束後的30分鐘內，被認為是營養補充的黃金時間。

運動後，血液循環會從肌肉轉換到消化器官系統，如果是運動後30分鐘的這段時間，身體就像乾枯的海綿吸收水分一樣，能有效地將營養素吸收。這時，從大腦的「腦下垂體」分泌出來的成長激素，能有助於肌肉蛋白質的合成。

請在抵達終點的30分鐘內，喝下事前準備的優酪乳或柳橙汁等飲料。

優酪乳含有蛋白質及礦物質，柳橙汁則含有豐富的糖類和維生素。蛋白質被利用在肌肉的修復上，糖類則被用在肝醣的補充上。

利用營養和休養進行超回復

抵達終點後的午餐，也要挑選蛋白質、糖類、維生素、礦物質均衡的菜單。可能的話，建議選擇定食系。

促進受損傷肌肉蛋白質同化的成長激素，即使是在就寢後造訪的深層睡眠中也會分泌。賽後的晚餐和午餐一樣，留意均衡攝取富有優良蛋白質、糖類、維生素、礦物質的飲食。

像生菜沙拉或生魚片等等可以生吃的食物，含有促進代謝等酵素，有助於促進消除疲勞。

然後在結束比賽的日子，以高品質的睡眠為第一優先。充分運用白天攝取的營養素，在睡眠期間進行身體修護。

與同伴舉辦賽後慶功宴，飲酒過量會導致睡眠變淺，使得就寢後的生長激素停止分泌，需要多加注意。

在比賽結束後的兩個星期內，要像這樣比平時更注重飲食均衡，刻意增加睡眠時間。這麼一來，因比賽產生疼痛的身體，便會發生超回復，讓體能比賽前更加提升。

賽後的兩個星期內，身體會累積肉眼看不見的疲勞，免疫力也會下降。身體容易變得不健康，所以跑步要有節制，以輕鬆的慢跑促進血液流通。請努力消除疲勞來恢復精神吧。

比賽前與咖啡因．酒精和平相處的方法

在本章最後，讓我們把時針往回調，說明比賽前與咖啡因．酒精和平相處的方法。

在日常生活中，我們會喝點茶或咖啡，而綠茶、紅茶、咖啡等飲料中含有咖啡因。咖啡因有提神作用，具有刺激交感神經，有助於體內調整成容易運動的效果，還具有增加小便次數的利尿作用。

寒冷的季節，本來就容易在比賽中產生尿意，加上咖啡因的利尿作用，可能出現因「上廁所時間」而造成完跑時間的增加。

據說攝取咖啡因後，幾小時內會發揮利尿作用。平常習慣飲用的人，為了讓咖啡因完全排出體外，大約從比賽前一星期，就要控制茶或咖啡等飲料的攝取，實施

「斷絕咖啡因」。

咖啡因含量較多的是咖啡和玉露綠茶，烘焙過的綠茶、玄米茶、可樂類、巧克力中也出乎意料的含有咖啡因，還請多加留意。

比賽前也要控制酒類的攝取。因體質或習慣等因素平時不喝酒的人，保持不喝酒最好，能喝的人請大約在比賽的前三天禁酒。

姑且不論以前的選手，現在的現役選手，從平時就禁止酒精的例子很多，作為興趣跑步的業餘跑者，則不需要做到這麼嚴格的地步。

練習後來杯啤酒或燒酒，滋味特別好，但當然禁止過量。肝臟是能量代謝的控制塔，在埋頭代謝酒精期間，對於運動所需的能量代謝將會變得遲緩。

適量的酒精攝取量，普遍如下頁所整理出來的。遵守適量的同時，每週最少兩天不喝酒。幫自己制定「休肝日」，對健康就不會有太大的妨礙。

◉每次適當飲酒量

啤酒（酒精度數5度）　中罐1、2罐

日本酒（酒精度數15度）　1～2合（1合約180ml）

葡萄酒（酒精度數14度）　1／4～1／2杯

罐裝水果酒（酒精度數5度）　350ml 1、2罐

肝臟在分解酒精時需要水分。肝臟為了用水代謝酒精，身體其他部分相對容易產生脫水的狀況。喝酒會導致人們產生口渴的感覺，也是這個原因。

就算大口喝水，細胞來不及吸收的只會經由尿液排出體外，並無法解決身體脫水的問題。處於脫水狀態進行練習或出賽，不僅會讓運動表現下滑，最壞的情況，可能會因為脫水症而暈倒。

據說肝臟平均需要48小時才能將酒精完全代謝。根據個人體質不同，也有人需要花更多時間代謝，所以時間抓得充裕一點，請在78小時前，也就是從三天前（假設比賽在星期天舉行，那就是星期四）開始禁酒。對酒稍微節制，抵達終點後再來上一杯，應該會覺得滋味倍增。

控制飲酒有時會導致食欲不振。就像歐美習慣在用餐前飲酒的一樣，酒精具有促進胃液分泌，增進食欲的作用。在控制飲酒期間，請留意均衡攝取糖類等的能量來源，或維生素、礦物質等營養素。

第11章

不瞭解運動傷害所造成的「非常識」制約

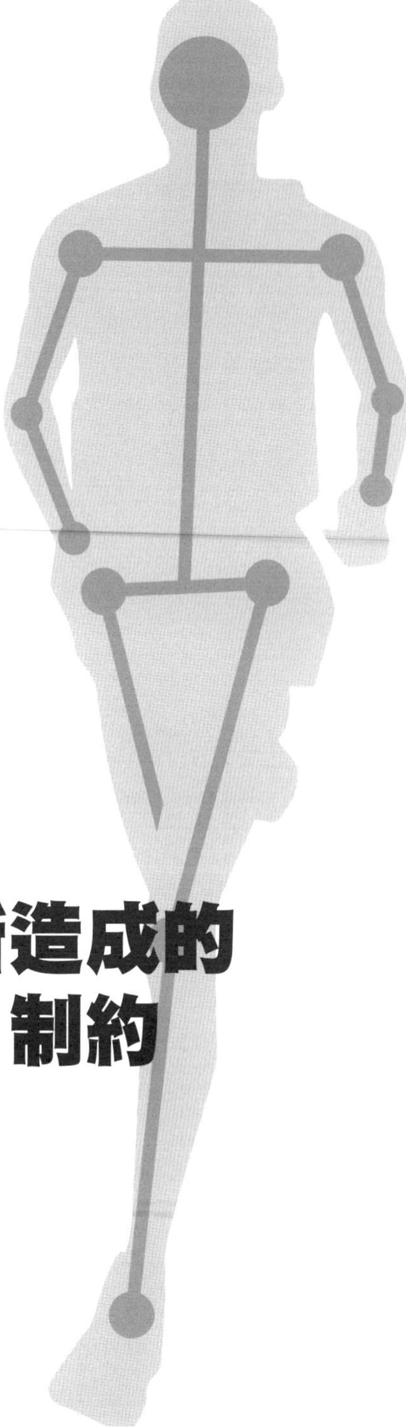

簡單便利的「局部冰敷」

為了防患運動傷害於未然，如同在第1章介紹的，學會符合骨骼狀態的跑法為首要必備的。因為在運動表現提升的同時，將身體負擔減至最低，傷害也會消失不見。

即使進行那樣不勉強身體的跑法，經過長距離的練跑，髖關節、大腿、膝蓋、小腿肚等處，有時仍會覺得不舒服或熱熱的。這種時候，請給予冰敷。

所謂的冰敷，在急性運動傷害之基本處理方式「RICE」中擔任重要的一環。所謂的RICE，是由以下四種處理法的英文單字第一個字母組合起來的口訣。

◉運動傷害的基本處置法RICE

Rest（休息）　不要隨意移動患部，保持靜置

Icing（冰敷）	在發炎或有灼熱感的部位進行冰敷
Compression（壓迫）	對疼痛部位輕輕施以壓迫
Elevation（抬高）	將患部抬到比心臟的高度還高

「Icing＝冷卻」，以放入冰水的運動冰袋或事先冰在冷凍庫的保冷劑等冷敷患部。每次15～20分鐘，直到不舒服或灼熱感消失。

雖然有點偏離教科書上的指導，我要推薦大家一個更方便的冰敷方法。太多細節限制，會因為麻煩而無法持續。

我個人的冰敷方式，只會敷到抵住患部的冰不再溶解為止。就某種意義，也可以說是「局部冰敷」。

冰敷患部，會讓傳達疼痛的感覺神經遲鈍，緩和疼痛。然後由於血管收縮，所以可以抑制發炎。發炎症狀放著不去管它，如同庭院小火會釀成森林火災一樣，在患部周圍擴散開來。

不是任何發炎症狀只要冰敷就好

冰敷是業餘跑者務必要學會的技巧，就算如此，不是任何發炎症狀只要冰敷就好。也有不做冰敷比較好的情形。

其典型的例子，就是「腸脛韌帶炎」。可以算是跑者的職業病，普遍常見的運動傷害。

腸脛韌帶沿著大腿外側，從髖關節到膝關節，是人體裡面最長最強的一條韌帶。說到底，「韌帶」是連結骨頭和骨頭間的結締組織，負責提高關節的穩定性。

腸脛韌帶炎為跑步時膝蓋外側會疼痛。在跑步的時候，因為膝蓋的反覆彎曲與伸直，使得腸脛韌帶與膝蓋部的骨頭摩擦，造成該處局部發炎。

雖然只是簡單的一句話，腸脛韌帶炎的模式卻有著各式各樣，其中有時是因為膝蓋周邊的肌肉緊張所引起。這個時候以冰敷冷卻膝蓋，反而會使肌肉緊張的情形更加嚴重，可能導致腸脛韌帶炎惡化。

腸脛韌帶炎症狀，也遇過提高肌肉溫度緩和緊張，效果較好的例子。

由於骨骼狀態及跑步方式千差萬別，即使一樣是腸脛韌帶炎，受傷機制也有個人差異。雖然沒有實際看到該患者的狀態無法做區分，但如果被腸脛韌帶炎所惱，有個方法可以試試看。就是練習完後要洗澡時，在浴缸裡確認一下自己的狀況。

在能夠浸泡20分鐘左右的溫熱水中，仔細浸泡。有時藉由泡澡促進血液循環，使身體變溫暖，可以解除肌肉的緊繃，減輕疼痛與不適。

但是，其中也有一提高溫度，疼痛便增加的部位。那就是需要局部冰敷的部位。離開浴缸後，請試著針對會疼痛的部位加以冰敷。

希望讀者重新理解到一點，冷卻或加溫治療，只是所謂的舒緩療法。即使不適感或發炎症狀暫時減輕，只要不找出根本原因並加以解決，不久又會被不適感及發炎症狀所惱。

不去解決根本問題，一邊觀察情況一邊仍大量練習期間，等損害累積到一定的程度，到時候已經不是舒緩療法可以處理。在問題變嚴重前，應該尋求徹底的解決之道。其方法，正是學會符合骨骼狀態的跑步方法。

有時纏繃帶會讓受傷部位變嚴重

不限於馬拉松，超級馬拉松或越野賽跑中，在腳上纏繃帶的跑者有很多。

補強受傷害部位，或者即使沒受傷，也要藉由補強各部位，在比賽過程中增加有利條件的策略性包紮似乎也不少。

但是，有時根據使用方法，會因為纏繃帶使得受傷部位變嚴重。

繃帶包紮使用的是一種具有與肌肉相同伸縮性的「彈性繃帶」。皮膚和肌肉是透過結締組織連結，所以在皮膚上直接貼了具有伸縮性的繃帶，肌肉的運作方式就會改變。

那麼，膝蓋有運動傷害的跑者，在膝蓋周圍纏上繃帶，真的能得到更好的結果嗎？

本來已受傷的部位想要努力悄悄復原，因為得到來自繃帶的補強作用，反而變得較容易行動。越常動到受傷部位，就越會增加該部位所承受的壓力，「纏上繃帶繼續努力」的想法，反而容易給身體增加負擔，帶來負面效果。

因此，我認為不要過度依賴繃帶，重新檢視原本的跑步方法，學會符合骨骼狀態的零負擔跑法，才是最重要的。

我本身也會利用繃帶，目的是為了讓肌肉順暢地活動，誘導肌肉運作符合骨骼的動作。雖然符合骨骼狀態的跑步方法，應該藉由腳踏實地的練習來鍛鍊，但若是在「不使用別針就無法讓衣服合身」的狀況下，使用綳帶反而可成為「有助於做出正確動作」的開關。

作為正確動作開關的綳帶纏法，需要專業的知識和技術，請勿嘗試模仿。就算模仿其他跑者纏綳帶，恐怕也會變成反效果。

如果想要有效運用綳帶，請務必接受專家的指導。

壓力系列裝備的陷阱

或許有人會認為這麼說有些偏執，但是我對時下跑者愛用的壓力系列裝備抱持懷疑的態度。

「壓力系列裝備」簡單一句話，種類卻很豐富，褲型或小腿支撐型的裝備，目的在於改善以下半身為主的全身血液循環。藉由從體外施以適度的壓力，以促進肌肉幫浦的功能。

據說站立時，三分之二以上的血液會從心臟往下流。流經低於心臟位置的血液，需要通過靜脈，抵抗重力送回心臟。然而，心臟雖然具有擠壓血液的幫浦功能，卻不具備將血液由下往上吸的功能。

血液之所以能從下半身流回心臟，是藉由足腰肌肉的幫浦作用。肌肉每壓縮一次，就會壓迫周圍的靜脈，以傳遞水桶的要領將血液由下往上送。

這個現象被比喻為擠牛奶，稱為「擠乳作用（milking action）」。擠乳作用進行得最為活潑的，是小腿肚的肌肉。肌肉放鬆時，血液會輸給地心引力而逆流，為了避免靜脈血液回流，靜脈內有單向的瓣，可在肌肉鬆弛時關閉，藉此來防止血液逆流。

為了幫助肌肉幫浦作用，可從體外進行壓迫，是壓力系列裝備的噱頭。

或許確實具有促進靜脈的擠乳作用，但是流經足腰的血管不只有靜脈。心臟從動脈送出新鮮的血液，動脈和靜脈之間的毛細血管網絡廣泛分佈，使血液在肌肉的每個角落分布開來。

一旦從體外壓迫，這些動脈和毛細血管的流動性就會變差。那會使得跑步時最需要血液的足腰，血液不易流動，肌肉所需的氧氣和營養素就可能不足。本來是好意，要是出現反效果，就會得不償失。

我覺得為了禦寒或是不想露腿的理由穿褲襪無可厚非，不過希望大家知道，壓迫度高的壓力系列裝備，也有負面的影響。

三個消極的疲勞恢復法

許多努力不懈的業餘跑者，在做完重點（強化）練習或比賽的隔天，偏好進行輕慢跑以消除疲勞的「積極休養」，傾向似乎頗為強烈。雖然那樣做有它的道理，但是那並不是疲勞恢復的神仙妙藥。

我提議的是「消極休養」。也就是，以不跑步來消除疲勞的方法。我推薦的消極休養方法，有以下三種。

◉推薦的消極休養

1. 在（36～38℃）的溫熱水中泡澡
2. 手足的冷水浴
3. 利用床褥的高低差

我將針對消極休養一一為大家解說。

首先是，在（36～38℃）的溫熱水中泡澡。說到在溫熱水中泡澡，較為大家熟知的是泡到心窩高度的半身浴，我則推薦泡到脖子的全身浴。

一般建議半身浴，是因為那是不會壓迫心臟的入浴法。但是，本書是以沒有血壓等問題的健康跑者為對象，所以推薦全身浴。

這個入浴法有兩個目的。

第一個目的是，**更有效率的疲勞恢復**。一旦進行泡到脖子的全身浴，橫隔膜向下移，肺部的空間擴張了，形成比大氣壓力更低、氣壓下降的「陰壓」，變得容易吸入空氣。

這樣將使得貯藏內臟之腹膜袋承受的「腹壓」上升，壓迫將血液由下半身導引回心臟的靜脈。不同於壓力系列的裝備，從體內促進擠乳作用，改善血流。

於是氧氣和營養素被運送到全身，不要的老廢物質及疲勞物質被加速排出，幫助身體從疲勞中恢復。

第二個目的是，**使自律神經進入沉靜狀態**。如同136頁提到的，自律神經是調整身體機能的系統。有交感神經和副交感神經兩大系統，兩者作用相反。

一旦身體泡進熱水或冷水中，活絡調整體內環境的交感神經將占優勢，但若為了消除疲勞，讓誘導身體進入休息模式的副交感神經占優勢便成為一大前提。

因此，我們要藉由浸泡在水溫設定在36～38℃間接近人體體溫熱的溫水中，抑制交感神經的活動，切換副交感神經的開關，促進疲勞恢復。

降低雙腿位置睡覺可消除疲勞

消極休養的第兩個方法是手足的冷水浴。在蓄水的臉盆內加入自來水，讓冰塊浮在上面，稍微降低水溫。常溫的自來水效果低，但是像冰敷時的溫度又太冷，會有反效果。

浸入手腳的瞬間，忍不住嚇一跳縮回來的冷度，會刺激交感神經，造成血管收縮所以NG。以在自來水中加入少許冰塊的溫度，適度地冷卻手腳，反而會造成血管擴張。

身體稍微降溫時，會加速血液循環以運送深部組織的熱度，使皮膚溫度升高。結果氧氣和營養素被運送至細胞，加速老廢物質及疲勞物質的排除，促進疲勞恢復。

第三個消極休養方法，則是利用床褥的高低差。無論是床褥、床鋪還是睡床，保持平整是常識，但是我要顛覆這個常識。

如果可以，請準備三褶的床墊或床褥，如插圖一樣摺成兩層，放置在床上。這是我從失敗中不斷摸索，獨自想出來的摺疊法。

一般人或許覺得躺在平整的床上睡覺比較自然，但其實這是一種迷思。肌肉都集中在足腰所以很重，平躺在床上下半身不會向下沉，容易對腰部造成負擔。那樣的話，負責將下半身的血液送回心臟的靜脈回流，便容易停滯。

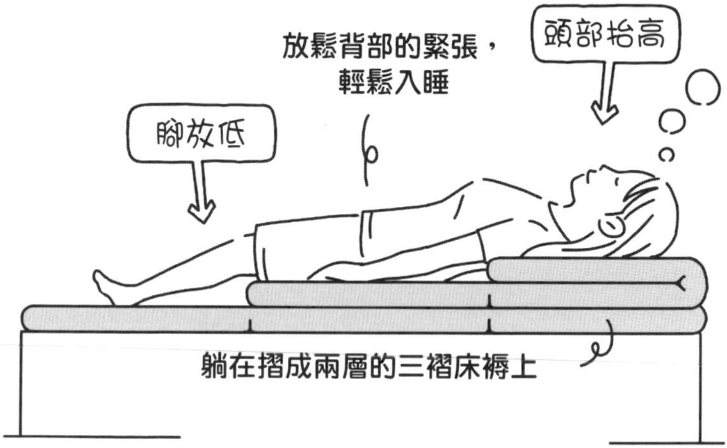

在床褥上簡單製造出傾斜的方法

就這一點，利用我提議的高低差躺姿的睡眠方式，以頭、身體、腰、腿的順序，由高往低躺，便可以伸展背部，輕鬆入睡。

或許覺得把腳放低，容易使下半身血液回流不佳，但即便站著的時候，下半身的血液還是會回流。這個姿勢只是讓足腰稍微低於心臟，所以不用擔心回流會減少。嘗試一次用這個方法睡看看，應該能夠感受到它的好處。當然，我自己每晚都是用這個方法睡覺。

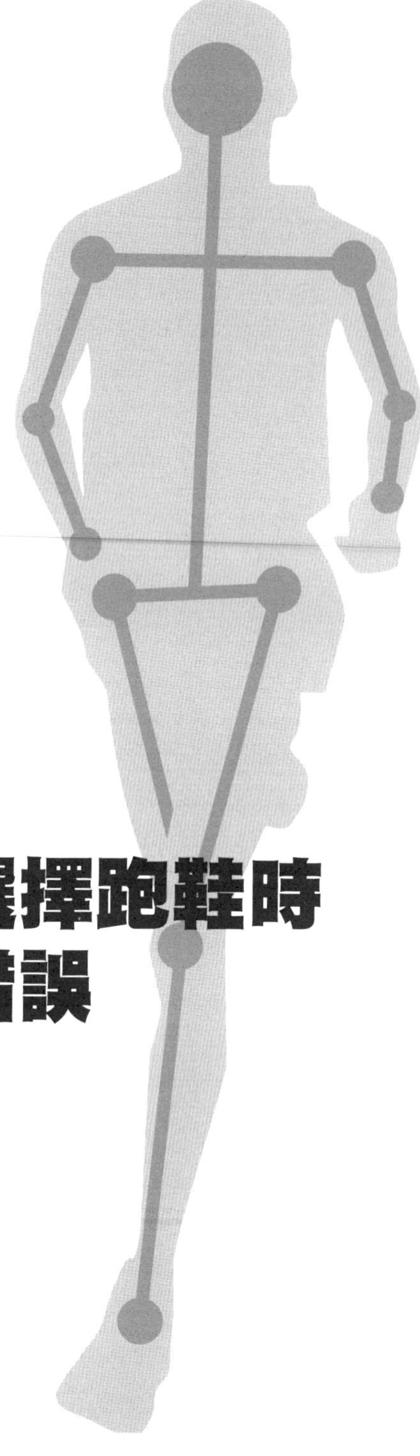

第12章 業餘跑者選擇跑鞋時容易犯的錯誤

以「熄煙蒂的姿勢」選擇跑鞋

跑鞋對跑者來說是不可或缺的夥伴，一旦搞錯選擇方法，有時會妨礙跑步導致運動傷害。即使是經驗老道的跑者，穿到不合腳的鞋子的例子其實很多。極端來說，大多數跑者的鞋子都「太大了」。

那麼，該如何挑選一雙適合自己的鞋子？

從結論開始說起，以足背為基準的舒適與否，來判斷鞋子的好壞。只要有一點點的間隙，跑步過程中腳就會在鞋子裡亂移動，無法按照所想的腳步跑步。

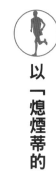

足背的正確高度，只要看位在大拇趾根部的「拇趾球」與連結腳跟的縱長弓，位置正確與否就能知道。

因此，像是要用腳踩熄被扔在地上的煙蒂一樣，單腳墊起腳尖，將腳踝向外側

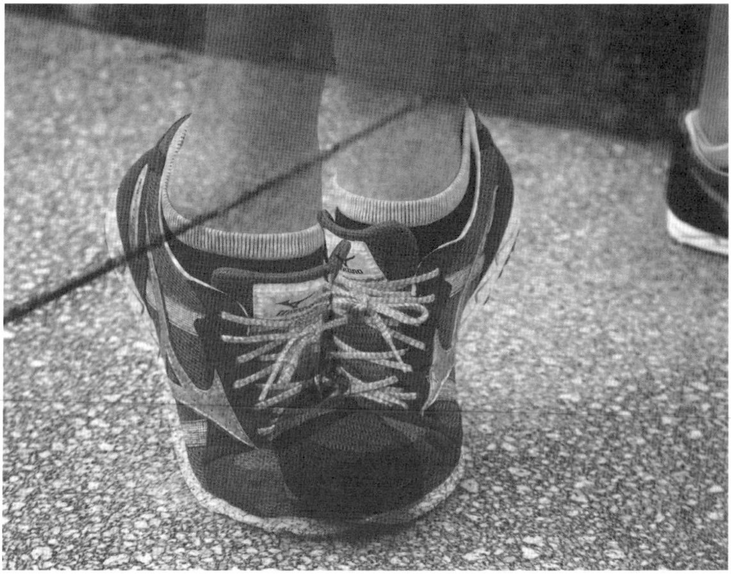

以「熄煙蒂的姿勢」確認鞋子的舒適感

轉動，以拇趾球支撐地面。如此一來，腳底的筋膜（足底筋膜）往上拉起，就能確認連結拇趾球和腳跟的縱長弓位置。

要說「熄煙蒂的姿勢」為什麼重要，因為這跟跑步時，腳離開地面的狀態是一樣的。

試穿鞋子時，輕輕綁上鞋帶後，試著做幾下踩熄煙蒂的姿勢。只要腳底足弓吻合，腳跟不會滑出的鞋子就OK。

用三種類型的襪子試穿鞋子

去買鞋子時，除了「普通厚度」的襪子，還要記得帶上「厚一點」和「薄一點」的襪子。總共準備三雙襪子。

因為不是量身訂做的，再怎麼仔細挑選，對尺寸也不可能百分之百的滿意。鞋子尺寸差一號等於差０．５公分，但人類腳的尺寸差異卻不一定剛好是０．５公分。因此，微妙的尺寸差距，必須用襪子的厚度加以調整。

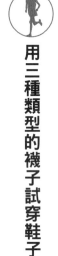

一開始先用普通厚度的襪子試穿看看，如果覺得有點大，再試穿少一號（０．５公分）的鞋子。

如果剛好合腳那就ＯＫ，但如果覺得有點鬆，就換上厚一點的襪子再試穿看看。相反地，如果覺得小一號的鞋子有點緊，那就換上薄一點的襪子再次挑戰。像這樣用襪子調整不到0．5公分的尺寸以提高舒適感。

大多數的人左右腳大小不一。遇到左右腳大小不同時，請配合小的那一腳。

跑步的練習達到某種程度後，足弓受到擠壓會感覺有點扁平足的感覺，這時尺寸會稍微偏大。因此，遇到兩隻腳不一樣大時，配合小的那一腳，符合天生骨骼狀態的可能性較高。

加快跑速的鞋帶綁法

穿上鞋子的舒適度，也會因為鞋帶的綁法跟著產生劇烈的變化。即使好不容易才買到合腳的鞋子，要是搞錯鞋帶的綁法，等於空有寶物而不懂得利用。

穿鞋子時，保持上方約四個鞋帶孔的鞋帶放鬆是合腳的基本要求。

當中似乎有人不鬆開鞋帶就直接穿上去，或者也有稍微鬆開就穿的人，那樣實在是懶惰了。就是因為腳在鞋內滑動，所以才會無法正確控制腳的動作。

在我的路跑隊上，會根據腳的形狀及骨骼等，細心指導綁鞋帶的方法。

有點扁平足的人與足背高的人綁法也不一樣，在這裡我想介紹任何人都適用的綁法。

我稱之為「星形結」的鞋帶綁法。星形結這個名字的由來，是綁完後鞋帶會呈現星形。

跑鞋的兩側約有6～7個鞋帶孔。通常會從接近腳尖的第一個鞋帶孔將鞋帶穿入，但是星形結是從第二個鞋帶孔穿入再回到第一個，之後以第三個、第四個、第五個、第六個的順序穿過鞋帶。

鞋帶看得出星形圖案，是第一到第三鞋帶孔的部分。

加快跑步速度的「星形結」綁法

①從第二個鞋帶孔開始

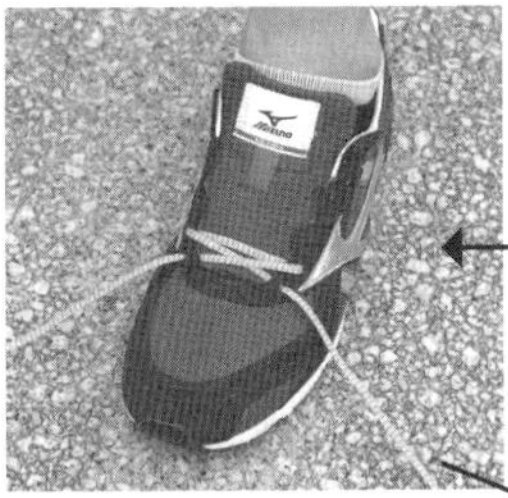

②從第二個鞋帶孔穿過第一個鞋帶孔

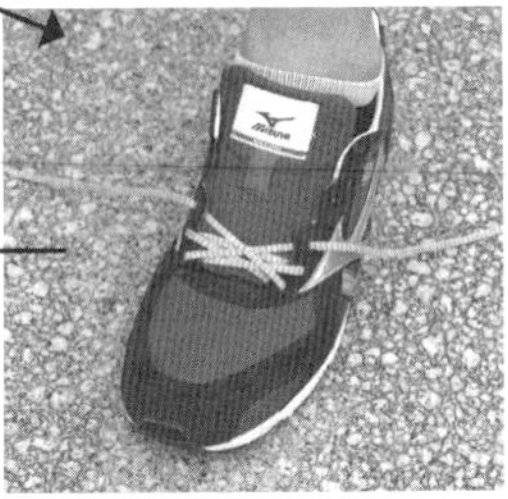

③從第一個鞋帶孔穿過第三個鞋帶孔

④全部以「下繞線（underlap）」的方式往上穿

⑤在最後二個鞋帶孔拉出「圓圈」

⑥將鞋帶穿過「圓圈」打結

⑦「星形結」完成！

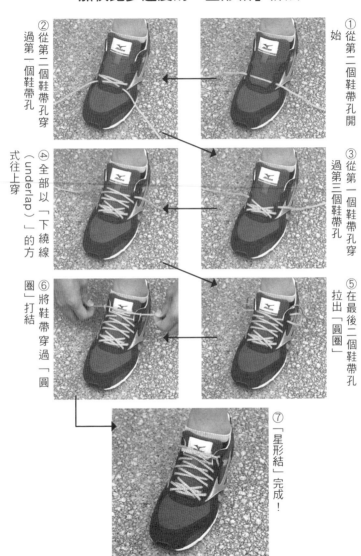

從第二個鞋帶孔開始，再穿回第一個鞋帶孔，這樣在鞋子的構造上，會形成槓桿原理，使得在做跑步的推蹬動作時，容易從拇趾球彎曲。

太容易彎曲會造成滑動，以第二→第一→第三繫成星形，可以防止滑動。因為會同時將腳尖往上拉，所以可以預防著地時先從腳尖接觸地面，再由腳跟用力碰撞地面造成煞車反應。

最後的第五和第六個，請不要左右交叉，直接將鞋帶穿過上下鞋帶孔，穿過事先拉好、另一側的圓圈後，將鞋帶綁緊。這樣一來，可以減少跑步時因鞋帶鬆掉，合腳的舒適感降低的機會。

鞋帶穿過鞋帶孔時，全部由下往上打成「下繞線（underlap）」。這樣能使腳掌與鞋底接觸時完全密合。

人體的構造上，原本就是腳尖下壓地面（足底屈曲），比腳尖上提離地（足背屈）產生更強大的力量。

拿手指作比喻，用力握拳比手指張開，更能發揮力量的道理是一樣的（嘗試做看看，就會出現「啊，原來如此！」的感覺）。

將鞋帶做成從鞋帶孔下面往上穿的下繞線，能夠產生輔助在構造上偏弱，腳尖往上提的優點。

配合三種跑法的鞋子製造商

如果進一步詳細指引，擺動跑法、扭轉跑法、活塞跑法三種跑法，每一種挑選鞋子的重點都不一樣。

擺動跑法，是用腳跟像扒土般往後踢前進的類型，腳跟部分強化的鞋子為最佳。

我發現有跑鞋針對腳跟部分補強，做得像賽馬的馬蹄鐵一樣呈U字形，就像那

依跑法類別推薦的鞋子製造商

擺動跑法	→	亞瑟士
扭轉跑法	→	愛迪達
活塞跑法	→	美津濃

樣，腳跟部分適合堅固路面。如果是那樣的馬蹄鐵形腳跟，著地後應該就能進行適當的重心移動。

雖然是我個人的意見，這樣鞋子似乎以在世界上有著高度評價的「Asics亞瑟士」居多。

扭轉跑法是以腳尖著地。若是從腳尖到腳跟側面成一體化的鞋身，著地時會產生煞車效應，所以適合腳尖和腳跟的部分分離的分離式跑鞋。鞋子製造商中以「愛迪達」看到最多這類的鞋型。

活塞跑法以膝蓋上下活動為特徵。膝蓋以下幾乎呈垂直動作，以整個腳底的腳掌著地。

活塞跑法適合腳底盡可能平坦，材質接近一致，衝擊吸收力和反作用力變化少的跑鞋。將腳跟的部分裁成斜的，將容易做到自然的著地。

「美津濃」的鞋子，有不少適合活塞跑法，腳底平坦的鞋型。

腳底防滑、五趾……高機能襪NG

在這裡我也簡單提一下跑鞋以外的商品。那就是穿鞋子時第一個拿起來的襪子。

大多數的跑者，連挑選襪子也搞錯方式。

各製造商紛紛推出腳底防滑或五趾襪等，提倡高機能的運動襪，但是襪子以不妨礙腳的動作及跑步為第一優先。

其實傳統的運動襪，具有最好的穩定感。

襪子是腳和鞋中間的媒介，附加多餘的機能，有時會對跑步造成妨礙。

襪子中加入矽膠（Silicone）等具防滑機能的材質，因為抑制了襪子和鞋子之間的滑動，反而使得腳在襪子裡變得容易滑動。那樣是沒有意義的。

另一方面，因為赤足跑步逐漸蔚為風潮，五趾襪開始受到吹捧。襪子緊密服貼著腳趾雖然可以避免滑動，卻換成襪子和鞋子之間產生滑動。

也有跑者是為了緩和扁平足或拇趾外翻而穿上五趾襪。扁平足是腳底的足弓弱化呈塌陷狀態，拇趾外翻則是大拇趾的骨頭外偏形成「く」字形的夾角。

穿著五趾襪，為了不讓腳在鞋內滑動，而想要用十隻腳趾頭抓住地面時，足弓會感到略略塌陷。這樣子別說是緩和扁平足症狀了，反而變得更嚴重。

一旦腳往前滑頂住鞋尖，拇趾外翻的情形也可能變得更嚴重。出於好意挑選五趾襪，卻帶來反效果的情形並不少見。

與其花昂貴的價錢購買附防滑機能的高科技襪，不如請多花時間尋找與腳成為一體感覺的襪子。這麼一來，應該能用傳統簡單的運動襪子快跑。

襪子的尺寸太長或過短都不好。以能夠蓋住腳踝的長度為最佳。

腳踝處有一條稱為「伸肌支帶」像帶子一樣的組織。伸肌支帶具有使肌腱維持在適當位置的作用。蓋住腳踝長度的襪膠，剛好來到伸肌支帶的位置，可以減輕肌腱的負擔。

善用太陽眼鏡、頸巾、袖套

雖然有個人喜好及契合度之分，不過在比賽中或練習時有的話會很便利的物品有太陽眼鏡、頸巾、袖套。

據說大腦從視覺獲得80%左右的必要資訊，從眼睛進入的光線，也會對跑步帶來出乎想像的影響。

光線太刺眼，身體會產生拒絕反應，動作就會變差。因此，日照強烈時，可以配戴太陽眼鏡來抵擋陽光。太陽眼鏡除了防曬外，還扮演著重要的角色。不擅於戴太陽眼鏡的人，可以利用遮陽帽或帽子，來避免陽光直射。

視野太過昏暗，身體的動作也會變差，避免挑選太暗的太陽眼鏡也很重要。陰天時，選擇橘色系能夠擁有明亮的視野，光是這樣心情上就很愉悅。

也有一種隨著紫外線的強弱變化，鏡片的色調深淺也能自動調整的調光變色太陽眼鏡。早晨或陰天等日光量較少時，可以確保透明度高的清楚視野。紫外線強的晴天時，鏡片變深，有遮蔽刺眼日光的機能很方便。

頸巾在寒冷的天氣是寶貴的配備。在寒冷季節的比賽中，在起跑前將頸巾從脖子拉到頭部蓋住耳朵，身體就會暖和起來。

比賽開始跑了一陣子，覺得「開始變溫暖了」時，把頸巾拉到脖子，然後在出汗覺得「開始變熱了」時再脫掉。從脖子脫掉後，只要收進褲子的口袋等處，就不會妨礙到跑步。

袖套是甚至讓我產生「真希望以前當選手的時期能有這個……」的想法，冬天跑步時不可欠缺的裝備。可以用來抵擋寒意和冷風。

跑久了體脂肪會降低，容易感受到冷意。跑得快的人，又會被風奪去體溫。身體一旦變冷，為了保持體溫，會耗費無謂的能量，因此不可以小看防寒對策。

穿長袖跑步，會妨礙到肩和肩胛骨的動作，但如果是半袖＋袖套，上半身就可以自由地活動。

等到中午日照變強，開始變熱時，和頸巾一樣脫下來，收進褲子的口袋等處，就不會妨礙到跑步。

結語

馬拉松會將平常的練習直接反映在結果上。

常常聽到「明明做了很多練習，卻無法達成目標時間」「超過30公里覺得腿開始變重，就被擊沉了」的話，再怎麼說，都是直接將平常練跑的結果反映出來。

為了延長單月跑步距離而一味練跑，並不會使比賽後半部變強，一味逼迫自己跑到氣喘吁吁，速度也不會因此變快。

馬拉松的本質是如何在短時間內快速跑完42．195公里這麼長的一段距離——為此，不是用「肌肉」而是用「骨骼」跑步則成為一大前提。

肌肉可藉由後天的努力來改變，但骨骼成人後就不會再改變。掌握適合自己骨骼狀態的跑步方法，比什麼都重要。

順應骨骼狀態的跑步方法，不只可以將自己的潛在能力發揮到極限，連運動傷害也會消失不見。除此之外，只要以適當的「負荷」「量」「頻度」進行練習，有可能經由從未體驗過的輕鬆跑步，刷新自己的最佳成績。

每個人享受馬拉松（跑步）的樂趣所在各不相同。所以沒有唯一的正確解答。

為了減肥、為了消除壓力、為了享受美酒、為了跑完全程馬拉松、為了達成破三……每人可以有自己的正確解答。

跑步和游泳或棒球等運動不同，不需要有個人從旁指導就可以立刻學會。即便姿勢有些勉強，身體的使用方式有些多餘，還是可以跑。

但是，想要跑像馬拉松那樣長的距離，「自己那一套勉強和多餘」就會造成障礙，也會成為成績停滯不前的原因。

想做的事情，隨時都可以開始，永遠都不嫌晚。姿勢的改良也是一樣。

決定什麼姿勢對該跑者最自然的，不是肌肉而是骨骼。因為用肌肉去跑，會浪費有限的體力，更重要的是還會引起運動傷害。

藉由學會依照「天生的骨骼模式」的跑步方法，不僅不會引起運動傷害，還可以100%有效利用寶貴的體力，容易與個人的目標達成產生連結。

本書網羅了從大前提的骨骼類別跑法，以至於小竅門的睡床形狀。大前提固然重要，但是小竅門對於目標達成也是不可或缺的精髓。裡頭或許有不少「第一次知道有這種事」的內容，請各位細細品味並實踐看看。

我常拿「自家盆栽的照顧方法」來做比喻。近年來，似乎增加不少年輕世代的盆栽愛好者，似乎會不時地將盆栽轉動或傾斜，細心地照料。

那是為了不讓日光遍及種植的草木，讓枝葉有多樣性的發展。跑者也是一樣，為了培育身體的枝葉，改變身體的動作或使用方式，就有增加發展的可能性。

日光的強度＝練習的強度

日光照射的時機＝練習量

澆水量．時機＝飲食量．時機

肥料量．時機＝比賽中「補給食」的品質．時機

——等等，盆栽和跑步有許多共通點。

有即使條件嚴苛也能強韌生存下去的頂尖跑者，也有不細心栽培馬上就會枯萎的業餘跑者。因此，學會用「適合自己的培育方法」，就可以不枯萎、強韌、適合自己地加以培育。

本書中，盡可能介紹了可以馬上實踐的具體方法論和手段。還介紹了三種跑法，不要只是去實踐符合自己骨骼狀態的跑法，也要試著去看看其他跑法，會更具體地感受到跑步方法的差異，達到更好的效果。

再者，平常練習時，不要忘了與自己的身體進行對話，試著一邊確認成長進度，一邊調整練習量（水量）。

從自己的身體感受每天的「手感」，若能幫助各位不發生運動傷害地達到各自目標，身為作者，沒有比這更開心的事了。

Sports Meisters' Core（SMC）的負責人　鈴木清和

作者 PROFILE

鈴木清和

1972 年生於秋田縣。駒澤大學田徑部出身，Sports Meisters' Core（SMC）的負責人。該機構以專為跑步障礙者設計個人訓練而聞名，聚集了來自日本全國的跑者。此外，鈴木清和也活躍於電視及雜誌等各種媒體，並致力於透過經營慢跑俱樂部和舉辦講習會，一邊預防跑步障礙的發生，一邊推廣實現自己最佳記錄的跑步方法。

運動健身系列叢書

第一次跑馬拉松
就成功！
15X21cm　　112 頁
彩色　　定價220元

跑步新手、運動白痴、肥胖者、銀髮族、體能差的人……
想跑步？永遠不嫌晚！本書教你：跑得安全、跑得健康！
全程守護，安心完跑！

想試著跑馬拉松卻不知該如何開始？

只要你「想跑」，一切就好辦！已有30年跑步經歷的專業教練・坂本雄次，將帶領你在安全、健康的前提下邁開輕鬆的步伐！

本書首先從「打造適合跑步的身體」開始，教你如何在不勉強自己的前提下，讓身體逐漸習慣跑步；在習慣跑步之後，又該如何強化肌肉以培養長距離所需的肌力、如何減緩疲勞等方法，並整合出「輕鬆成為跑者的10條守則」，讓你有明確的目標可以實踐！

書末更收錄「全程馬拉松訓練計畫、全程馬拉松事前準備、全程馬拉松攻略」，以供讀者做最詳盡的參考。

想跑步的你，其實已經站在起點；下一步，就朝終點邁進吧！

瑞昇文化　http://www.rising-books.com.tw
＊書籍定價以書本封底條碼為準＊
購書優惠服務請洽：TEL：02-29453191 或 e-order@rising-books.com.tw

運動健身系列叢書

練肌力，不是做苦力！
15X21cm　144 頁
彩色　定價280元

練肌力不要傻傻做白工～
正確訓練，才能在短時間內達到最大效果！

「史上最正確肌力訓練教本」世界健美錦標賽季軍，專為一般民眾打造！
讓你徹底了解，什麼是『正確肌肉訓練』，什麼是『錯誤肌肉訓練』？

「你確定自己的運動方式是正確的嗎？」倘若持續進行不正確的肌肉訓練，輕則鍛鍊效果不彰，重則會使身體受傷。本書將從運動的姿勢、組數、強度、生活方式……全方面介紹。在付出勞力與時間之前，只要確實了解正確觀念，就能夠聰明運動，以超高效率，擁有健美好身材！

【這樣做肌力訓練不受傷！】
正確動作：Point 解說注意事項，正確與不正確動作示範。
徒手訓練：活用自身體重與地心引力進行。
等級選擇：每種動作依困難度變化三個等級。

瑞昇文化　http://www.rising-books.com.tw
＊書籍定價以書本封底條碼為準＊
購書優惠服務請洽：TEL：02-29453191 或 e-order@rising-books.com.tw

TITLE

掌握骨骼！最科學馬拉松優勝完跑

STAFF

出版　瑞昇文化事業股份有限公司
作者　鈴木清和
譯者　劉蕙瑜

總編輯　郭湘齡
責任編輯　黃美玉
文字編輯　黃思婷　莊薇熙
美術編輯　謝彥如
排版　靜思個人工作室
製版　明宏彩色照相製版股份有限公司
印刷　桂林彩色印刷股份有限公司
　　　紘億彩色印刷有限公司
法律顧問　經兆國際法律事務所　黃沛聲律師

戶名　瑞昇文化事業股份有限公司
劃撥帳號　19598343
地址　新北市中和區景平路464巷2弄1-4號
電話　(02)2945-3191
傳真　(02)2945-3190
網址　www.rising-books.com.tw
Mail　resing@ms34.hinet.net

初版日期　2015年10月
定價　280元

國家圖書館出版品預行編目資料

掌握骨骼!最科學馬拉松優勝完跑 / 鈴木清和作 ; 劉蕙瑜譯. -- 初版. -- 新北市 : 瑞昇文化, 2015.09
224面 ;　21 X 14.8 公分
ISBN 978-986-401-050-9(平裝)

1.馬拉松賽跑 2.運動訓練

528.9468　　104018390